つくる〈公共〉50のコンセプト

せんだいメディアテーク［編］

# つくる〈公共〉
# 50のコンセプト

岩波書店

# はじめに

　この本は、宮城県仙台市の公共文化施設・せんだいメディアテークが企画したものです。2001年に開館したこの施設は、図書館であり、美術や映像の制作や発表の拠点であり、市民の表現活動を応援する生涯学習のための施設です。開館以来、人々がそれぞれに学び、表現し、対話することで彩られ、創られていく社会に向けて、ジャンルや形式にとらわれない数々の事業活動に取り組んできました。

　ふりかえると、阪神・淡路大震災が起きた1995年、多くの人々が支援に積極的に取り組み、のちにボランティア元年と称されました。時を同じくして広がり始めたインターネットなどの情報技術は、市民活動の実践を後押しする基盤として期待されました。こうした背景から、新世紀に向かうころよりわたしたちは、社会に拓かれつつある新たな魅力ある〈公共〉を夢想していたように思います。

　しかしながら、社会の情報化は進んだものの東日本大震災を発端とする一連の出来事などを通して、わたしたちは社会基盤の脆さや科学技術の不確かさに気づきます。さらに著しく進む情報化のうねりは、パンデミックや気候変動、経済格差や人権問題、戦争を起源とする世界全体にかかる変動を瞬く間にそれぞれの手元の端末に届け、まさしくその渦中にわたしたちが「今」いることを知らしめました。結果、わたしたちを取り巻く現状は、まるで足元が定かではないなか情報の雨の中を歩くようで、言葉の意味がひとつぶの雨のように軽く、流れてしまっているようにも思えます。

　開館からの20年の社会的な変化をこのように振り返ることから、この本が構想されました。わたしたちの価値観をかたちづくる「言葉」につい

て、頭上を飛び交う情報としてではなく、生活や創造の現場にひきつけつつ、あらためて吟味し、確認しあう必要があると考えたのです。そして、個々の実践に基づいた言葉との対話を通して、魅力ある〈公共〉をともにつくっていく。そのような意図から、この本にはメディアテークが投げかけたテーマや問いに、市民活動の実践者、アーティスト、研究者などとそれぞれの現場を持つ人々が、その経験や専門性に基づいて応答した50の考え＝コンセプトがまとめられています。

　第1章「なじみの言葉をとらえなおす」では、公共文化施設でよく使われる10の言葉をとりあげました。「市民」や「アート」など、多くの人々にもはや疑われることなく用いられている言葉ですが、あらためてその意味を問い、今日的な理解や実効性について検証します。

　第2章「経験を言葉にする」では、メディアテークでの営みや、その周囲における文化的な実践から見出された35の考えが語られています。表現や研究に取り組む人々が、自らの実践に関わる言葉を解釈することで、より手触り感のある言葉の姿が示されます。

　第3章「これからの社会に問いかける」では、すでにある社会的な徴候を5つの言葉に託し問題提起をおこないます。地域社会の高齢化、あるいはさまざまな背景を持つ人々との共生とは、公共文化施設の利用や運営にも大きく関わる課題なのです。

　50のコンセプトはそれぞれ独立しており、興味のあるページから読むことができます。過去20年のメディアテークと同じように、学び、表現し、対話するという実践を介して紡ぎ出されたこれらの言葉は、より広い地域においても、市民社会のありうべき姿を思い、いままさに活動している人たちを、傍らで支えるものになるのではないかと考えています。

せんだいメディアテーク

第**3**章

# これからの社会に問いかける

装丁──小沼宏之[Gibbon]

# 第1章

# なじみの言葉をとらえなおす

# 市民

宇野重規

［政治学、東京大学］

　「市民」という言葉ほど、この数十年でその輝きが色褪せてしまった言葉も少ないだろう。もとより外来語の翻訳であり（ただし、どの語の翻訳であるかについては後述する）、今日なお、そこには翻訳調の気配が残っている。「市」の住民という意味での「市民」（例えば、「八王子市民」）という用法があると同時に、政治社会を構成する自立的・独立的な主体を指す言葉としても使われてきた。

　最近では学術的にはあまり使用されなくなったが、フランス革命などを「市民革命」という表現で説明することも多かった（高校の教科書などではいまだに使われている）。さらにはスペイン内戦（Civil War）について「スペイン市民戦争」といった訳語があてられることさえあった。誤訳であるが、フランコ将軍率いる反乱軍に対し、共和国を守るべく世界各地から義勇軍が参加した当時の時代の雰囲気を示していると言えるだろう。ヘミングウェイの『誰がために鐘は鳴る』の世界である。

　これに対し、今日では「プロ市民」といった用法も存在する。社会学者の伊藤昌亮によれば、元々は「市民としての自覚と責任感をしっかりと持った人」という意味で使われたこの言葉は、今日ではむしろ、「平日自由な時間を持て余すプチ特権階級」でありながら「納税者・納付者のやる事なす事に因縁をつけたがる奴[01]」として使用されているという。今日、「市民」というと、揶揄や皮肉の含意が込められることも多くなっている。

　ある意味で、この言葉はその原点からして、意味の多義性やそのズレが意識されて用いられてきたと言える。例えばルソーは『社会契約論』で次のように述べている。「現代ではこの［シテという］語の真の意味はほぼ完全に見失われている。多くの人は都市国家（シテ）とは都市のことだと考え、市民（シトワイヤン）のことを都市の住民のことだと考えているのである。彼らは、都会を作るのは住宅であるが、公民国家（シテ）を作るのは、市民（シトワイヤン）であることを知らないの

である★02」。

　ルソーの念頭にあるのは、古代の都市国家（シテ）の構成員としての「市民（シトワイヤン）」であった。これに対し、いつしかこの言葉は単に都市に暮らす住民（ブルジョワ）と混同されるようになってしまった。ここに現代における政治を考える上での問題があるとルソーは指摘する。言い換えれば、単に都市に暮らしているだけでは本当の意味では「市民」ではない。自覚的に政治社会を構成する一員としての意識を持ったものだけが、ルソーがいう意味での「市民」となる。ルソーの告発は、現代日本においてもそのまま当てはまるだろう。

　ちなみにヘーゲルは自らの「市民社会」を構想するにあたって、むしろ「ブルジョワ」という言葉を採用した。経済活動の担い手から成る「市民社会(bürgerliche Gesellschaft)」とは、「欲望の体系」にほかならない。このような用語法は、マルクス主義にそのまま継承され、「ブルジョワ」に「市民」の訳語があてられた。結果として日本語の「市民」には、都市の住民、政治社会の主体的な構成員という意味に加え、経済活動の担い手という理解が付与されたのである。

　このような多様なニュアンスを背景に、日本の戦後社会において形成されたのが、その独自の「市民」像であった。経済活動を行なう自立した個人が、それを基盤に政治活動に参加し、特に環境問題など、産業化に伴って都市で顕在化した新たな諸問題に積極的に関わる。そのような「市民」による「市民運動」は、狭義の政治運動や労働運動と区別される、自由で独立した個人による運動とされた。このような意味での「市民」像が形成され、ピークを迎えたのが、1960年代から70年代にかけてであったと言えるだろう。1980年代以降、豊かになった都市住民の「保守化」が語られるようになり、「市民」という用語のニュアンスも変質していった。

　しかし、はたしてそのような「市民」像を、もはや時代に合わないものとして捨ててしまっていいのだろうか。むしろ、この言葉の含意や歴史的な文脈を押さえつつ、より現代的な用法を発展させていくことはできないだろうか。一つのヒントになるのがスペインのバルセロナ市である。バルセロナを中心都市とするカタルーニャは、スペインの中でも独自の言語と民族意識を持つ王国として発展したが、スペインの統一王国によって支配

され、抑圧されてきた。特にすでに言及したフランコ将軍の下では、徹底した弾圧の対象ともなった。民主化されたスペインにおいて自治州として認められたのは 1979 年のことに過ぎない。

　今日、バルセロナが世界的な話題になるのは、サグラダ・ファミリアやサッカーチームのバルサによってだけではない。注目すべきは Decidim という、住民参加による都市づくりのためのデジタル・プラットフォームである。住民の多様な声をデジタルツールによって集約し、地域づくりの合意形成に資するためのこの仕組みは、日本でも兵庫県加古川市や東京都渋谷区などで導入の試みがなされている。それにしてもなぜこのようなプラットフォームがバルセロナで開発されたのだろうか。

　実をいえば、バルセロナ市の ICT 部門である Institut Municipal d'Informatica は 1967 年に創設されている。★03 まさにフランコ将軍による独裁下であった。弾圧され、自治を否定されたバルセロナで、このような IT 化の取り組みが開始されたことは、決して偶然ではなかったはずだ。それは、一度は破壊された都市の自治機能を、新たなテクノロジーによって、独裁者の目の届かないところで密かに取り戻そうとする試みであった。そう、バルセロナ「市民」の熱い自治への思いこそが、今日の Decidim にまで脈々と受け継がれているのである。そしてバルセロナ市が、この Decidim をオープンソースとして世界のどこでも無償で利用可能にしているのも、そのような自治の精神を世界に拡大しようとする思いがあってのことだろう。実際、Decidim の企てには、多くの外国人も参加している。

　おそらく、現代において「市民」の像が再び輝きを取り戻すとすれば、そのモデルはバルセロナにあるのではなかろうか。デジタル化による住民参加の企ては、独裁や権威主義への対抗でもある。これまで述べてきたバルセロナはもちろんだが、現在、エストニアにおける電子政府が話題になっている。この国でデジタル化による新たな国家づくりが企てられているのも、旧ソ連の支配に対する抵抗と独立という文脈と切り離せないだろう。独裁者による個人支配や、大国の官僚制による支配に対抗し、幅広い民意をデジタル化により丁寧に集約して合意形成に結びつけていく。それはグローバル化と結びつき、世界各地の協力者と連帯するものである。

そうだとすれば、新たな「市民」とは以下のように定義できるのではないか。それは「特定の地域に基礎を置きつつ、しかしその地域の住民だけでなく、関係する世界の各都市、各地域とのネットワークに支えられ、地域に関わるすべての人々による参加によって、自治の実現を目指す人々」である。日本においても、そのような新たな「市民」像が拡大していくことに期待したい。

★01｜伊藤昌亮『ネット右派の歴史社会学』(青弓社、2019)、317頁。
★02｜ルソー『社会契約論／ジュネーブ草稿』(中山元訳、光文社古典新訳文庫、2008)、42–43頁。
★03｜NIRA総合研究開発機構「デジタル化時代の地域力」https://nira.or.jp/paper/report03 2111.pdf　2021年11月。

# コミュニティ

松村圭一郎
［文化人類学、岡山大学］

## 伝統的「コミュニティ」から、あらたな「コミュニティ」へ

　自分はどんなコミュニティに属しているのだろうか。そう自問することがある。生まれ育った場所とは違う土地で生活しているし、近所づきあいもほとんどない。かろうじて文化人類学の「学会」というものには所属しているが、積極的に活動に参加しているわけではない。職場の同僚と飲みに行くようなこともあまりないし、自分の居場所となる仕事以外の場所や人間関係も、それほど思い浮かばない。

　都市生活者が大半を占める現代において、「コミュニティ」はますます実感をともなわない言葉になっている。大量の人や情報や商品が国境を越えてつながりあう時代にありながら、身の回りには薄く、ゆるいつながりしかない。もちろん人によっては「家族」と親密な関係があるかもしれない。でも、現代の「核家族」のような限られた親族関係は、やはり「コミュニティ」とは呼びにくい。

　では、いったい「コミュニティ」とは何か。社会学では、もともと地縁や血縁で結ばれた伝統的な共同体のことを「コミュニティ」としてきた。だが、従来の生業にもとづく共同体が縮小し、都市生活者が増えるなかで、「コミュニティ」は失われつつある、あるいは再生すべき対象となった。その「コミュニティ」に代わる概念として登場したのが「ネットワーク」だ。強く結束したコミュニティとは対比されるかたちで、弱い紐帯でつながるネットワークが現実社会をうまく反映する言葉となった。

　とはいえ、「コミュニティ」という言葉が使われなくなったわけではない。ある土地にねざした地理的な結びつきや心理的な一体感をもった「共同体」としての「コミュニティ」ではなく、個人が空間をこえて選択的につながりあっていくこと自体をあらたな「コミュニティ」としてとらえる

見方が優勢になったのだ。日本でも震災のあとに、コミュニティの復興が重要なテーマとなり、町づくりや村おこしの文脈でも、コミュニティの再生が掲げられている。社会問題の解決のためには、コミュニティが果たすべき役割はいまだに大きい。そこで地縁・血縁とは異なるあらたなコミュニティ像が模索されてきた。

## 市民社会とコミュニティ

1990年代以降、あらたな「コミュニティ」とともに、伝統的共同体に代わるものとして重視されてきたのが「市民社会」だ。国家(政府セクター)でも、企業(営利セクター)でもない、NGO(非政府組織)やNPO(非営利組織)などの市民社会(市民セクター)への関心や期待はいまも高い。

市民社会の組織は、自発的な問題関心にもとづいている。営利活動ではないので、商売として成り立たなくても、やりたいと思う人が集まれば動きはじめる。そうした自発的で自主的な関係が活動のベースにある。それは、地縁や血縁といった逃れられない義務的な関係の縛りと比べたら、自由度が高いのが特徴だ。都市生活者の生活実態ともなじみやすい。

こうした市民セクターは、国際的な条約づくりなどの場面でも重要な役割を果たしている。2017年7月に国連で採択された「核兵器禁止条約」では、市民運動の連合体であるNGO「核兵器廃絶国際キャンペーン(ICAN)」の働きが大きな注目を集めた。地球温暖化対策を話し合う国際会議「国連気候変動枠組条約締約国会議」でも、多数の国際NGOが会議にオブザーバーとして参加し、協議の動向を監視しながら各国に働きかけなどをしている。国連は、NGOを重要なパートナーと位置づけ、経済社会理事会は2016年時点で4655のNGOと協議する関係にあった。

ただし、こうした市民社会組織は、「コミュニティ」とは異なり、自発的なメンバーによって構成される「アソシエーション」として位置づけられている。市民が水平的な関係のなかで目的に合わせ、必要に応じて協力する「アソシエーション」は、固定的な(あまり自由に出入りできない)伝統的なコミュニティの対極にある。そう論じられてきたのだ。

ところが、この区別もかならずしも明確とはいえない。最初に述べたよ

うに、「コミュニティ」という概念自体があらたに定義しなおされてきたからだ。たとえば「市民」が集まって行う活動は、NGO や NPO のような組織化された団体だけにとどまらない。全国に急増している「子ども食堂」のような場所は、ふつう近隣の住民が協力してはじめることが多い。そうした場所が人びとの失われたつながりを結びつけ、ある種の「コミュニティ」づくりにつながる可能性もある。「コミュニティ」を古くて乗り越えるべき対象とするか、「コミュニティ」という概念自体にあらたな意味を付け加えようとするか、つねに二つの可能性のあいだで揺れ動いてきたのだ。

## 国家と市場とコミュニティ

では、私自身が「コミュニティ」という概念をどうとらえなおそうとしているか、述べていこう。先ほど、市民社会について説明するとき、国家でも企業でもない、と書いた。国家という大きな政治組織は「コミュニティ」という言葉のイメージとはほど遠いし、経済活動のための営利組織を「コミュニティ」とは呼びにくい。

でも国家だって、ときに「コミュニティ」という言葉でとらえられることがある。有名な議論が、政治学者ベネディクト・アンダーソンの「想像の共同体(imagined communities)」だ。アンダーソンは、人びとが近代国家というあたらしい枠組みに愛着を覚え、ときに熱狂的なアイデンティティを抱くのは、自分たちが同じ文化や時間を共有しているというイメージが国家の中心から流布される出版物などによって国民に浸透したからだと論じた。そこでの「国家」は、伝統的なコミュニティのように、強固な地理的な結びつきや心理的な一体感をともなう「共同体」そのものだ。

企業などの経済活動については、それほど説明はいらないだろう。かつての日本企業は家族主義的だとされ、会社の経営者が家長のように生涯にわたって社員の面倒をみて、社員もその「家族」の一員として会社に忠誠を尽くして一生を捧げた。営利活動のための会社という組織でも、家族のような心理的な愛着が強調される「コミュニティ」になっていたのだ。

こうして考えていくと、「コミュニティ」という概念の輪郭は、きわめ

て変幻自在に伸縮しうることがわかる。もちろんそのために「コミュニティ」という言葉が理解しづらいのは否めない。だが「国家」や「会社」のように、地縁や血縁といった実体がともなわなくても、私たちがある種の心理的な愛着やアイデンティティを見いだせるのだとしたら、コミュニティをかつての「むら」のような伝統的共同体としてだけ定義する必要はない。そもそも、どんなスケールの人間関係でも「コミュニティ」のような状況は生まれうるのだ。そこで、もう少し想像の翼を羽ばたかせてみよう。それは経済活動に関わる「コミュニティ」の可能性だ。

　私は『くらしのアナキズム』(ミシマ社、2021)で商品を交換するだけの経済的関係でも、そこにある種の「共同性」が生まれると書いた。「市場の共同性」である。念頭にあったのは、学生たちが町のフィールドワークから見つけてくる、いろんなお店の事例だ。

　ある小さな古着屋さんでは、夜な夜な常連たちが閉店間際に集まり、古着を買うわけでもなくずっと談笑していた。失恋をして浮かない顔をした女性が来店したときは、店主と二人で相談できるよう、常連客が店番を代わった。あるときは、不登校に悩む高校生の母親が「引きこもりの息子が店主のおかげで古着屋のことを笑顔で話してくれた」と涙ながらにお礼を伝えに来たこともあったという。また私が出会ったあるカフェバーの店主は、「自分にとってはライブハウスが学校みたいな場で、そのオーナーに一人前の大人として育ててもらった」と語ってくれた。服や音楽が好きな若者にとって、古着屋やライブハウスが家族とも学校とも違う、安心して仲間とつながれる「コミュニティ」になっていたのだ。

　現代の都市生活では、人と人が関係を結ぶ機会の多くがなんらかの商品やサービスをやりとりする経済的場面に限られている。そしてなぜかそこに、たんに商品をやりとりするだけにとどまらない人間関係が生まれている。それぞれが自己利益を求めて活動するはずの「市場」に、それとは対極にある小さな「コミュニティ」があちらこちらで生まれている。そうした場所は、見えないだけで町には無数にあるはずだ。その小さくばらばらにある「コミュニティ」に、おそらく私たちの社会は支えられている。

# 学び／学ぶ

野家啓一
[哲学、東北大学名誉教授]

### アンラーン(unlearn)

　「学び」という言葉は「学ぶこと」、すなわち「学ぶ」という動詞の名詞形である。それゆえここでは、「学び」と「学ぶ」を同列の語として区別せずに論じたい。

　「学ぶ(learn)」の反対語は何かと思い『英語反対語・対比語辞典』(鈴木幸夫・岡田秀穂編、東京堂出版、1984)を見ると、"unlearn"という見慣れない動詞が挙げられており、「(いったん学んだこと)を忘れる、念頭から退けて頭を切りかえる」という釈義がなされている。なるほど「学ぶ」の反対語が「忘れる」とは身につまされる。学んだことを端から忘れる頭が「笊」に譬えられるゆえんである。同時に"unlearn"には忘れると共に「頭を切りかえる」というポジティブな意味があるらしい。この言葉に「まなびほぐす」[01]という絶妙な訳語を与えたのは鶴見俊輔である。

　17歳の夏休み、ニューヨークの日本図書館ではたらいているときに、ヘレン・ケラーが手話の通訳とともにその図書館をたずねてきた。(中略)偶然、私に質問して、私がハーヴァードの学生だとこたえると、自分はそのとなりのラドクリフ女子大学に行った。そこでたくさんのことを「まなんだ」が、それからあとたくさん「まなびほぐさ」なければならなかった、と言った。たくさんのことをまなび(learn)、たくさんのことをまなびほぐす(unlearn)。それは型どおりのスウェーターをまず編み、次に、もう一度もとの毛糸にもどしてから、自分の体型の必要にあわせて編みなおすという状景を呼びさました。[02]

　アンラーン(unlearn)という言葉を偶然にせよヘレン・ケラーに習うとは

豪勢な話だが、その意味を瞬時に理解して「まなびほぐす」という日本語に置き換えてみせた鶴見もただ者ではない。つまり、学校で習ったことを型どおりに繰り返すだけでは学んだことにはならない。それを一度忘れ去り、自分の体型や身の丈に合った形に裁ち直すことを通じて、はじめて「学び」は身に着いた自分の言葉となる。

学んだことを「忘れる」とはいっても、意識から完全に消去することはもちろんない。「まなびほぐす」ためには、学んだことに囚われず、距離を置いてそれを意識下に沈殿させておく必要がある。「方法的忘却」とでも言おうか。そうして初めて、それを適切な時機に自分の身丈に合った衣服に裁ち直すことができる。そう考えるならば、『論語』為政篇の「学びて思わざれば則ち罔し」に見える「思う」という語は、学んだことを「ほぐす」ための時熟の時間を指すものであろう。「思う」ためにこそ、「忘れる」ことが必要とされるのである。

## アンスィンク（unthink）

アンラーン（unlearn）と類縁性をもつ語に「アンスィンク（unthink）」という言葉がある。これもあまり馴染みのない英語だが、OED に当たると "To remove from thought" という語釈がなされている。直訳すれば「思考から取り除く」となるが、要するに「考え直す」ないしは「考えを撤回する」といった意味である。

この言葉がよく知られるようになったのは、世界システム論を提唱した社会学者イマニュエル・ウォーラーステインの著作 *Unthinking Social Science: The Limits of Nineteenth-Century Paradigms* によるところが大きい。邦訳のタイトルは『脱＝社会科学』となっており、unthink には「脱思考する」の訳語が当てられている。ウォーラーステイン自身によれば、脱思考とは以下のような考え方を指している。

われわれは19世紀社会科学を「脱思考する unthink」必要がある、とわたしは信じている。19世紀社会科学の前提の多くが、わたしのみるところ、人を惑わせるものであり、窮屈なものであるのに、依然として、

きわめて強力にわれわれの考え方をとらえているからである。これらの諸前提は、かつては精神を解放するものだと考えられていたが、今では、社会的世界を有効に分析するにあたっての、最大の知的障害となっているからである。[03]

　これだけを読めば、いまや桎梏と化した19世紀社会科学の諸前提を廃棄し、新たなパラダイムを導入することが「脱思考する」ことだと誤解しかねない。だが、ここでも鶴見俊輔のウォーラーステイン論は示唆的である。彼は unthink を先に述べた unlearn の語義と重ね合わせながら、それを次のように敷衍している。

　　単純に「捨てる」ということは unthink じゃないんです。いったん忘れるが、忘れたものが内部の力、想像力のもとになって働く、これが unthink なんですね。（中略）つまり、考えを捨てるのではなくて、考えをほどくということ。考えを意識的、無意識的に影響を受けながら編み続けるということ。これは think and unthink なんですね。[04]

　すなわち、unthink とは今や障害と化した旧来の考え方を「捨てる」のではなく、それを保持しつつ、ほどいて編み直すという作業にほかならない。これは現象学の鍵概念である「エポケー（判断停止）」という操作にほぼ匹敵する。つまり、世界の実在についての断定をいったん差し控え、その成り立ちを意味的にたどり直すという手続きである。フッサールはこのエポケーを「括弧入れ」とも呼んでいるが、学び覚えたことをいったん忘れて機能を停止し、その上で考え方を再編成するという手続きは、まさに「括弧入れ」と呼ぶにふさわしい。

## アナムネーシス（想起）再訪

　これまで見てきた unlearn にせよ unthink にせよ、「学び」や「考え」を捨て去るのではなく、「いったん忘れる」ことを強調している点が重要である。その一呼吸があってこそ、われわれは忘れていたことを想い起し、

それを「まなびほぐす」ないしは「編み直す」ことが可能となる。考えてみれば、これは古代ギリシアで「想起(アナムネーシス)論」が説いたところではあるまいか。プラトンは『パイドン』のなかでソクラテスに以下のように語らせている。

　もしわれわれが生まれる前に知識を獲得しながら、生まれるや否やそれを失ったとするならば、そして、後にその知識の対象について感覚を用いながら以前に持っていたかの知識を再び把握するのだとするならば、われわれが「学ぶこと」と呼んでいる事柄は、もともと自分のものであった知識を再把握することではなかろうか。そしてこれが想起することである。[★05]

　母親の胎内から生まれるとき、われわれは「忘却の河(レーテー)」を渡り、そこで天上界で学んだすべての知識を忘れてしまった。いかにも荒唐無稽な神話だが、ある意味で unlearn や unthink が示唆する、既成の学びや考えを「いったん忘れる」という「まなびほぐし」に不可欠な手続きをうまく形象化していると言えるかもしれない。人間は「学ぶ動物」であると同時に「忘れる動物」でもある。学びと忘却とはメビウスの帯のように、反転しつつ背中合わせにつながりあってわれわれの〈知〉の織物を形成しているのである。

★01｜そのためか「アンラーン」をタイトルに冠したビジネス書まで刊行されている。柳川範之・為末大『アンラーン Unlearn　人生100年時代の新しい「学び」』(日経BP、2022)。
★02｜鶴見俊輔『教育再定義への試み』(岩波現代文庫、2010)、95頁。
★03｜イマニュエル・ウォーラーステイン『脱＝社会科学──19世紀パラダイムの限界』(本多健吉・高橋章監訳、藤原書店、1993)、7頁。
★04｜鶴見俊輔「Unthink をめぐって」京都精華大学出版会編『リベラリズムの苦悶──I. ウォーラーステインが語る混沌の未来』(阿吽社、1994)、16-18頁。なお、この鶴見論文の存在については、川本隆史「リベラリズムの両義的遺産──偏愛的ウォーラーステイン論」『大航海』(1998年4月号所収)から示唆を受けた。
★05｜プラトン『パイドン──魂の不死について』(岩田靖夫訳、岩波文庫、1998)、75E。

# 広場

## 日本に広場は可能か

五十嵐太郎

[建築史、東北大学]

　以前、筆者は「HIROBA STUDIES」を実践する広場研究会に参加し、広場に関する言説や事例を調べたことがある。これは六本木ヒルズアリーナの運営などに携わった空間プロデューサーの平野暁臣の呼びかけによって行われたものだった。その際、1000件以上の事例をもとに、約50の教えをピックアップし、最終的に10の項目に絞り、2010年に「広場の教え10」にまとめた。なお、この研究会に当時学生として参加していた市川紘司は、後に中国への留学を経て、博士論文で天安門広場を研究し、『天安門広場――中国国民広場の空間史』(筑摩書房、2020)を刊行している。

　ここでは10の教えを紹介しよう。

1　広場は、反転した建築である。[空間的定義](例えば、ジャンバチスタ・ノリの地図)

2　広場は、みんなのものである。[自由]

3　広場には、理由がある。その物語に敬意を表すべし。[固有性](例えば、イスファハンのイマーム・ホメイニー広場)

4　広場を「市民装置」としてつくれ。そこではプライドと感情が共有される。[贈与/社交](例えば、ソウル市庁舎前広場)

5　広場には規範がある。時に、見事に破られるとしても。[公共/ルール]

6　「食」と「市」は広場の活性剤。商業をリスペクトすべし。[市場/交換](例えば、バルセロナのランブラ・デル・ラヴァル)

7　広場は、運動の始まりと終わりの場所である。[祝祭性](例えば、フランス革命時のバスティーユ広場)

8　広場は、出来事によって記憶される。[演出](例えば、銀座の歩行者天国)

9 「カレンダー」をつくれ。運営こそが、広場の最大の武器である。
　　［運営］（例えば、新橋の SL 広場）

10　広場は、日々つくられる。［ダイナミズム］（例えば、江戸時代の高札場）

　結局、多くの事例は海外のものとなり、日本のものは少ない。そもそも日本に広場は可能か、という問いが立てられるだろう。なぜなら、いわゆる西洋的な広場は、近代以前には存在しなかったからだ。前川國男や丹下健三を含む、モダニズムの建築家は、自らのプロジェクトに広場を設けているが、効果的に機能させるのは難しい。前川國男は、ル・コルビュジエの教えに従い、東京海上ビルのまわりに広場に使えるオープン・スペースを提供したが、ここを有効に使ったという話はあまり聞いたことがない。丹下による新宿の東京都庁舎も、足元に巨大な広場を抱え、使い出のある空間をもつが、いつも閑散としている。

　また 2006 年のヴェネツィア・ビエンナーレ国際建築展のアルセナーレ会場を訪れたとき、「都市」をテーマとしていたことから、マドリッドのマヨール広場など、世界の主要都市の広場を比較するセクションが含まれていた。ところが、東京だけは広場ではなく、渋谷のスクランブル交差点が紹介されていたのである。もちろん、海外の映画でも、東京のシーンではここを使うケースが多く、実際に多くの観光客がわざわざ足を運ぶ場所だ。しかし、ここは止まることが許されない、常に大勢の人が忙しく流れる空間である。本来であれば、東京駅に近い、皇居前広場が登場すべきなのかもしれない。だが、原武史の『皇居前広場』（光文社新書、2003）が論じたように、関東大震災の直後や戦後しばらくは広場としての可能性をもっていたが、その後、「〜してはいけない」という雰囲気が強くなっている。それゆえ、東京の代表的なオープン・スペースの景観として、渋谷のスクランブル交差点が選ばれていたことに、妙に納得した。

　こうした空間の公共性をめぐる問題は、現代の路上において、肘掛を立て、寝そべれないようにする排除ベンチや、居場所や定義されない場所をつぶすための排除アートが、日本の都市で増殖していることにもつながるだろう。すでに筆者は『過防備都市』（中公新書ラクレ、2004）や『誰のための

排除アート？──不寛容と自己責任論』(岩波ブックレット、2022)で、これら
のテーマを論じたが、究極的にはベンチを公園や広場に置かない状況も起
きていると思う。何かをさせないためのデザインを付加すれば、なぜ邪魔
するのかと訝しむ人はいるが、そもそもベンチがなければ、本来は可能だ
ったことも発想しにくい。

　したがって、建築論では、道や辻、あるいは境内や界隈などの概念が、
注目されてきた歴史をもつ。例えば、雑誌『建築文化』の伝説的な特集を
書籍化した『日本の都市空間』(彰国社、1968)では、「かいわい」とはフィジ
カルな形態で表現されず、多くの心象の積み重ねから空間がイメージされ、
無目的行動が多いことも特徴だと論じている。ただし、「かいわい」は非
計画的な集いの場所なので、意図的に設計しにくいだろう。広場の困難さ
については、1969 年の新宿西口広場をめぐる闘争が有名だろう。「広場」
が「通路」とされ、道路交通法違反によって、フォーク・ゲリラが排除さ
れたからだ。

　こうした記憶を踏まえて、出来レースともささやかれた新宿西口の都庁
舎のコンペにおいて、あえて磯崎新は、超高層を求める要項に違反してで
も、大きな広場を内包するデザインを提出している。彼は『日本の都市空
間』のリサーチ・プロジェクトにも参加し、論考を寄稿していた。磯崎が
せんだいメディアテークのコンペの審査委員長をつとめ、伊東豊雄案を選
んだことは興味深い。彼の透明なデザインに新しい広場の可能性を感じた
かもしれないからだ。実際、一階のプラザにおけるオープンスクエアは、
カフェやショップを併設する開放的な場となっている。ここは定禅寺スト
リートジャズフェスティバルなどが開催されるときは、大きなガラスの開
口もオープンし、前面の道路とつながり、建築の表情を劇的に変える。ち
なみに、せんだいメディアテークは、「あらゆる障壁（バリア）から自由である」こ
とを理念に掲げ、様々な人が使う場であることをめざしている。

　実は屋根をもつ広場は、日本において可能性があるのではないかと思う。
例えば、隈研吾によるアオーレ長岡(2012 年)は、駅から直接つながる屋根
付きのスカイデッキを経由し、3 階のオープンテラスに足を踏み入れると、
突如目の前に大きな吹抜け空間が出現する。ガラス張りの大屋根の下の明

るい広場や、内部が見通せる透明な空間の執務室など、一般人にとっても、これが現代的な公共施設であることを直感的に理解させるだろう。もちろん、屋根付きの広場は、雪や雨の影響を受けないという利点ももつ。アオーレ長岡は、市民に開かれた庁舎をまさに空間によって実現している。建物の中央にナカドマと呼ぶ広場を抱えるが、完全に閉じた室内ではなく、あちこちに通り抜けができる半屋内的な外部空間である。ここでは結婚式やライブなど、様々なイベントを行う。広場のまわりを市役所、コンビニ、ホール、アリーナなどが囲み、角地の福祉カフェに座って、歩く人たちを眺めると、街中にいるような気分になる。寒冷地ということでは、西澤徹夫・浅子佳英・森純平のチームによる八戸市美術館(2021 年)のジャイアント・ルームも、屋内型の広場の一種だろう。

　ヨコミゾマコトは、広場三部作と言うべきプロジェクトを展開している。新発田市庁舎(2017 年)は、屋根付きの約 666 $m^2$ の「札の辻広場」をもつが、壁にあたる面は、大型のシートシャッターによって側面を開けたり、閉じたりすることができ、冬季にも対応する。また被災地の復興プロジェクトでもある釜石市民ホール TETTO(2017 年)は、TETTO という名称が「鉄の都」とイタリア語の屋根に由来するように、前面の屋外広場に 12 m の高さでガラスの大屋根を架ける。さらにホールの可動座席を収納し、壁を開放すると、同じ床レベルで室内から広場までがつながり、77 m も続く大空間が出現する。そして大分の祝祭広場(2019 年)では、2 つの大屋根がそれぞれ前後にスライドし、屋外広場の形状そのものが変化する画期的な空間だ。ちなみに、ヨコミゾは伊東事務所の出身であり、せんだいメディアテークのプロジェクトを担当している。さらに磯崎新は、祝祭広場のコンペでは、特別選考委員をつとめ、整備事業の総合アドバイザーだった。とすれば、これらはせんだいメディアテークの空間の遺伝子が、各地で花開いたものなのかもしれない。

# アート

吉岡洋
［美学、京都芸術大学］

## アートの〈はたらき〉

　アートとは何か？　この問いに即答できる人は、必ずしも多くないだろう。でもこれはけっして、私たちがアートとは何かを知らないということではない。

　「とは何か？」というのは定義を求める問いである。私たちは知らないのではなく、たんにアートを言葉で定義できないだけなのだ。だが考えてみると、文化も、メディアも、哲学も、人生も、簡単に定義なんてできない。重要な事柄を表す言葉ほど、定義するのは難しいように思える。にもかかわらず、私たちはそれらの言葉を使ってものを考え、他人と意見を交換している。ということは、それらの言葉によって何かを理解しているはずなのである。これはどういうことだろうか？

　私たちがある言葉の意味を知っているというのは、その定義が言えることではなく、その言葉の〈はたらき〉を体感しているということなのである。では私たちはアートという言葉のどんなはたらきを体感しているのだろうか。アートは未知のものをその中に包み込み、異質なもの同士を結びつける。そこには、包摂したり関係性を作り出すというはたらきがあるように感じられる。たとえ目の前の対象が見慣れた事物でも、それをアートと考える時、私たちはその対象をあえて未知のものとして見ようとする。あるいは、常識的には無関係なもの同士が並んでいても、アートだと言われると、そこに何らかの関係性を見出そうとする。そんなふうに、当たり前の日常的反応とは異なった仕方でものや出来事を経験するように、アートは私たちを導く。そうした心の余裕を持つように誘うのが、アートのはたらきだと言える。

　もちろんアートには、現実を描写したり思想や感情を表現する、といっ

た側面もある。けれどその場合でも、必ずしも客観的に正確な描写とか、誰にでもすぐ分かる表現といったものが目指されているわけではない。アートにおける描写や表現は透明ではなく、どこかに不可解なもの、異質な関係性が残っているのである。何かを伝える速さや正確さ、コミュニケーションの効率といった点では、アートは必ずしも最適な手段とは言えない。アートを通して何かを伝える、あるいは感じるなどと私たちは言うけれど、よく考えてみると、それは普通の意味での伝達とは違うのである。アートは単純にメッセージを伝達するよりも、むしろ伝達というプロセスそれ自体に介入する。伝達を邪魔したり遅くしたりすることすらある。伝達過程に働きかけてそれを変化させる「触媒」のような作用である。

## 芸術概念の成立

　ここで言葉を少し整理しておこう。アートという日本語は、英語から借用された言葉である。元になっている英語の art は、技、技術、やり方、さらに芸術など、様々な意味を含むきわめて一般的な言葉である。外来語としてのアートは、そうした一般的な意味が丸ごと輸入されたのではなくて、芸術（ファインアート）という意味を経由して入ってきた言葉である。ファインアートは今は美術という意味が強いが、本来は芸術ということだ（日本語の芸術はファインアートの翻訳語である）。ファインアートに対してアプライドアート（応用芸術）という言葉もあるが、それはファインアートを前提として生まれた言葉であり、やはり元にあるのはファインアートである。そこで、アートを理解するにはまず芸術（ファインアート）という概念を押さえておく必要がある。

　近代的な芸術概念の成立に決定的影響を与えたカントの『判断力批判』（1790 年）という本では、技術一般から区別される芸術という概念が明確に規定されている。少し抽象的で堅苦しい議論に聴こえるかもしれないが、重要なことなのでできるだけ簡単に説明しておきたい。技術は一般に何らかの目的を持つが、技術の目的は技術それ自体の外部にある。靴屋が靴を作る技術は、それを履いて快適に歩くという目的を持つが、この目的は靴を作る技術の外にある。それに対して、技術そのものの中に目的があるような特別な技術があり、これが芸術つまり「美しい技術（ファインアート）」である（原典はド

イツ語だが意味は同じ）。芸術とは美しい技術のことなのだが、この美しいという形容詞の意味は、見て綺麗だということではない。その技術の目的が技術自体の中にあるということである。

　芸術とはそれ自体が目的であるような技術であるというこの定義は、芸術がそれ自体のためにしか存在しないという考え、いわゆる芸術至上主義のように聴こえるかもしれないが、必ずしもそうではない。芸術はもちろん芸術以外の目的に役立つ。人々に知識を与えたり、感動をもたらしたり、人格的に向上させたりすることもある。あるいは反対に、人を戸惑わせたり、嫌悪感や恐怖を与えたり、怒らせたりすることもある。しかしそれらの効果は芸術それ自体の目的ではなく、結果に過ぎないということである。芸術の自己目的性とは、芸術が特殊な技術であることを意味しているだけなのだが、悪意をもって解釈されると、芸術は分かる人だけが分かる、一種のエリート主義というか、「お高くとまっている」として非難されることもある。それは誤解である。今日でもアートに対してそうした反感を持つ人がいるが、その源は芸術に関する上のような誤解に発している。

## 芸術からアートへ

　このように、アートという言葉の背景には芸術（ファインアート）という意味があるのだが、ではなぜ現在の日本語では芸術とは言わずアートと言うようになったのだろうか。これも考察に値する問題である。それは、芸術という言葉に伴う重さや厳しさが、今の状況に合わないと感じられるようになったからではないかと思う。芸術という言葉だけでは、現代の私たちが眼にしている表現活動の多様なリアリティを捉えきれない——多くの人がそう感じるようになった。かつては、芸術と非芸術を厳しく峻別する意識が強かった。そのことは「こんなものは芸術ではない！」といった断言に現れている。20世紀初頭の前衛運動、1960年代のポップアートに対してもそうした非難がなされた。それに対して現代では、突飛な作品を前にして（その政治的内容やそれに公金を使うことをディスる人はいても）「こんなのはアートではない！」と怒り出す人は少ない。芸術を境界づける意識が希薄になり、「何でもアリ（Anything goes）」という感覚が広がったからである。国や文化を隔

てる境界はもちろん、西洋と非西洋、高級文化（ハイカルチャー）と大衆文化（ポピュラーカルチャー）、プロとアマチュア、芸術のインサイダーとアウトサイダーとの障壁も低くなった。人種的・性的マイノリティの主張は表現の主題としてきわめて一般的となり、アール・ブリュットやアウトサイダーアートも広く認められるようになった。アートとはそうしたボーダーレスな時代、グローバル化した世界における芸術を指し示す言葉として、使われるようになったのである。

## アートを取り巻く現状

　経済と同じく文化においても、規制が撤廃され市場がボーダーレスになることは、外部からの参入者にとって新たなビジネスチャンスが生まれることを意味する。アートにもそうした人々が入ってくる。グローバル化した経済環境においては、それまで規制に護られていた領域に合法的に侵入し、そこにあったリソースを使って自己利益を生み出す「頭のいい」人たちが覇権を握るようになる。アートの世界もまた、それに似た容赦のない状況が進行している。ノンビリしてはいられないような雰囲気がある。

　アートは心の余裕を持つように誘うものだと先述したが、アートそのものも心の余裕がないと成立しない。さて心の余裕と言っても私たちの多くは聖人君子ではないので、ある程度の金銭的余裕や将来の安心感がなければ、心に余裕なんて持つことはできない。しかし現代の日本は、まさにそうした余裕の基盤が奪われてきた社会である。過剰なグローバル化がもたらしたデフレ状況に加え、コロナや戦争によって、賃金が上がらないのに物価が上昇するスタグフレーションに、現在の私たちは苦しめられている。貧困と将来不安が拡大するこんな社会では、アートそれ自体が「不要不急」としてスケープゴート化され、「アートなんていらない！」というヘイトが広がることも十分考えられる。こうした状況の中で、どのように連帯してゆくかが、アートを大切に思う私たちにとって、これからの課題になるだろう。

# デザイン

西村佳哲

[プランニング・ディレクター、リビングワールド]

## 拡張をつづける「デザイン」

　"言葉"が使いやすいのは抽象度が高いからだ。たとえば「りんご」という言葉を耳にしたとき、一人ひとりの中に浮かぶ「りんご」は少しずつ異なる。これは「嬉しい」という感情の形容や、「民主主義」のような概念についても同じで、言葉に付いている経験や意味合いやイメージは必ず一人ひとり微妙に違う。

　にもかかわらず、同じことを話している気持ちになってしまうのが言葉の紛らわしさであり流通性でもある。「デザイン」も同じく。ただこの言葉は、曖昧なまま外側に拡張をつづけていて始末が悪い。

　近現代史におけるデザインの対象領域は、グラフィックから始まり（背景に印刷技術の進展があった）、プロダクトに広がって（工場生産技術の発展があった）、インタラクションに及んだ（コンピューティング技術の拡大があった）のち、たとえば宿の予約から滞在やリピートに至る横断的な経験を扱うようになり（「サービスデザイン」と呼ばれる）、さらに商習慣や行政システムといった社会の構造的な再検討に至っている（「DX／デジタルトランスフォーメーション」など）。

　さらに前には建築や服飾もあったと思うが、いずれにしても目に見えたり手で触れるものから、空気のようなものに及んでいて、その先端で腕を振るう人たちは拡張する「デザイン」の可能性を力強く語る。「デザインに出来ることはなにか？」という問いや、「ソーシャルデザイン」「UXデザイン」「スペキュラティブデザイン」といった新しい社会記号も飛び交っている。けど、末尾にある「デザイン」は曖昧なままだ。耳障りのいい言葉として、都合良く使われている側面もあるんじゃないか。この「デザ

イン」が指しているものを考えてみたい。

## 人間を理解する力

　一般的に人々が「デザインがいい」と言うとき、それは色や形といった造形を指す。ただこれは主たる領域がグラフィックやプロダクトだった頃の名残で、要素として音や動きや触覚も加わったし、以前滞在した宿から届くメールのタイミング、店先のスタッフが胸に刻んでいる言葉（某コーヒーチェーンはマニュアルの代わりに「Just say yes」という接客姿勢を言葉で共有している）といった、色や形を伴わない事柄もデザインの対象だ。

　専門家が「よくデザインされている」と褒めるときそれは「よく考えられている」とほぼ同義で、つまり造形は一面でしかない。その奥にあるのは"必要な仕組みを考えて具体化する力"だと思う。

　デザインは始まった瞬間から"具体化"を目指す。実現指向の強さがその力を特徴付けていて、議論のための議論をあまり好まない。トライ＆エラーが得意で、「じゃあこうしてみよう」と足を前へ前へ進める。なので解決を要する物事との相性がよく、社会課題を扱う領域にも活動が広がりやすいのだろう。

　"仕組みを考える"という点では、デザインはエンジニアリングにも近く、重なる部分は多い。が、仕組みに傾注しやすいエンジニアリングに比べると、デザインはむしろ人間の方に意識を傾けていると思う。情感に関心がある。それに触れたとき、人の内面にどんな感じが生まれるか。デザインという仕事を特徴付けているのは"人間を理解する力"で、課題解決力や造形力以上に、人間観がその質を決定づけていると思う。

　「デザイン」という言葉の内訳は、私の場合"人間を理解する力""仕組みを考える力""具体化する力"の三つになるようだ。この中でいうと、人間の理解がいま難しくなってきている気がするので、もう少し書いてみたい。

　過去の大きなデザイン運動は、バウハウスやモダニズムにしても（20世

紀前半）、日本デザインコミッティーの創立にしても（20世紀中盤）戦後期に展開している。前の社会に戻りたくないという想い。古い生活様式や習慣から自由になりたい気持ち。暮らしを豊かにしたい願い。そんな希求とベクトルを合わせて「デザイン」は広がりを見せた。

と同時に、そこには「中間層の拡大」があった。増えてゆく中産階級にむけた暮らしの提案がデザインの大きな役割だったし、それは量産技術の進展とも合致した。日用品にせよ住宅にせよ、数多くつくることでコストを抑えながら質の高いものづくりを実現し、それを社会全体で享受していこうという夢があった。

でも生産技術や経済は人間を追い越して、過剰生産、環境問題、欲望の肥大化を招いているし、さらに以前のような中間層はいない。格差は広がりボリュームゾーンは低所得層に移っている。昔のように足並みが揃っているわけじゃない「私たち」が生きる社会で、人間への理解を深めて働くにはどうすればいいのか。

## 考え合うことを可能にするセンスや技術

デザイン「する」側に話が傾いた気がするので、「必要とする」側へ寄せてみる。たとえば会社から独立すると「名刺が要る」と考えてデザイナーを探す人がいる。知り合いに紹介してもらい、サンプルを見て、イメージの近いものを選んで。いや今どきそんなのはウェブサービスで簡単に……という話が書きたいわけではなくて「本当に名刺が必要か？」ということを書きたい。

あたり前だが名刺をつくることが目的ではない。ひとり立ちしたことを伝えたい。実績になる仕事に出会いたい。思い浮かべたら連絡して欲しい、のだとしたら、自分のウェブサイトをつくっておくとか、街角にフラッと入りやすいオフィスを構えるとか、名刺代わりに本を出版してみる方が効果的かもしれない。

こうした相談は誰にすればいいんだろう。企業や行政のデザインプロジェクトでは、ストラテジストという職能（MBA／経営学修士を持つ人材が担うことも多い）が機能し始めていて、デザインの前段階のリサーチに割かれる

時間・人材・予算も増え、課題や目的の明確化に力が入れられているという。が、個人や小さな店や地域住民の取り組みにそんな専門家を雇う余裕はないし、そもそも突出して頭のいい人、物事を整理してまとめる力の強い人がいると、私たちは「考える」ことを手放してしまいがちだ。

　任せられる専門家というより、一緒に考えたり、考え合うことを可能にするセンスや技術を持っている人が必要なのだろう。で、そんな存在に、互いになってゆけばいいんじゃないか。

　80年代頃から「コ・デザイン(Co-Design)」と呼ばれるアプローチが提起されるようになった。これは一部の専門家に任せっきりにしないで、利用者や関係者がかかわり合いながら進めるデザインのあり方だ。事柄を"自分事"から"自分たち事"に開いてゆく。その流れの背景には、能力の高い個人がリーダーシップを発揮すればなんとか出来た時代から、プロジェクトが扱う要素が複雑になり、多様な視点を内包するグループが補完し合いながら物事を動かしてゆく時代になってきた変化もある。

　一緒に考え、一緒につくってゆくプロセス。そのとき言葉の使い方が大事になると思う。最初に書いたとおり"言葉"は抽象的で、曖昧なまま先へ進むことが出来てしまうので。

　たとえば「みんな」と言うとき、そこには誰が含まれるのか。「家族」と言うとき、それぞれの家族観にはどんな違いがあるのか。「お金」をなんだと思っているか。"言葉"の奥にあるものを、一つひとつ突き合わせてゆく作業が大切で、するとたぶん「デザイン」という言葉も使う必要がなくなる。むしろ使わない方がいいんじゃないかと思う。

　たとえば「空を見る時間を増やしたいので、窓をあける位置と大きさを考える」とか「隣近所の何気ない会話が生まれるように、各家の玄関先を工夫する」という具合に、面倒くさくても、デザインの内実を全文にして具体的に確認してゆくといいと思う。

　そうした中で「デザイン」の意味や役割は、「○○○デザイン」と名乗らなくても、自然に再定義されてゆくんじゃないか。

# メディア／ポストメディア

門林岳史
［メディア論、関西大学］

　せんだいメディアテーク（以下 smt と略称）という名称に含まれる「メディ
アテーク」という語は、フランス語、ドイツ語などで図書館を意味する
「ビブリオテーク」に由来する。つまり、本（ビブリオ−）の収蔵庫（−テーク）
である図書館に対して、メディアテークとは、映像、音声など様々な技術
的媒体（メディア）を貯蔵し、ユーザーの利活用に供する施設である、とい
うことになるだろう。事実 smt も、仙台市民図書館が館内にあるととも
に、映像・音響資料を貸し出すライブラリーも備えている。だが、smt に
はそれだけにとどまらない理念や志向性もあるようだ。例えば「（仮称）せ
んだいメディアテーク設計競技」（1994-1995）の応募要領は、メディアテーク
を以下のように定義している。

　「メディアテーク＝médiathèque」とは、感性のメディアとしてのアー
ト、知性のメディアとしての図書や各種情報、そしてそれらが融合した新
しいメディアとしての映像等を、総合的に集積・提供するとともに、市民
ひとりひとりが自ら創造し発信者となることを支援する、新しい時代の新
しい都市機能空間をイメージするもの」（smt ウェブサイトより）。

　ここで表現されているメディアテークの定義には、上に述べた通常の意
味のメディアテーク（映像音響ライブラリー）のあり方と重なりつつ、それに
完全には包含されないイメージがある。実際、プロジェクト検討委員会や
設計競技など、2001 年の smt 開館前の資料を閲覧していると、smt を開設
するプロセスとは、「メディアテーク」なる施設を再定義するプロセスで
あったことが窺える。「メディアテーク」を再定義するとはすなわち、こ
の言葉に内包される「メディア」という概念を再定義することでもある。
さらに言うと、「メディア」概念を再定義するとは、従来「メディア」と
いう言葉で理解されてきたことの先（ポスト−）を志向すること、つまり
「ポスト−メディア」へと向かうことも意味しているだろう。

そこで以下では、smtを支える理念が「メディア」をとのように再定義し、そして、その限界を超えて「ポストメディア」へと向かっているのかを考察してみたい。それにあたってはまず、「メディア」という言葉がそもそも通常とのように定義ないし使用されているかを確認しておこう。例えば、言葉の意味と用例を年代順に並べて詳細に記録している『オックスフォード英語辞典』で「media」の項目を引いてみると、「mediumの複数形で、おそらく mass media に由来」という注釈に続けて、「新聞、ラジオ、テレビなど、集合的にマス・コミュニケーションの伝達手段」という定義が与えられている。それに続く用例は1920年代のものから始まっており、元来「medium」の複数形である「media」が上のような意味で使われ始めたのが、西洋社会にすでに新聞が普及しており、ラジオ放送が始まりつつあった時期であったことを示している。つまり、新聞、雑誌、ラジオ（後にテレビ）などが普及することで、それらを総称する「マスメディア」という言葉ができあがり、そこから転じて「メディア」という言葉も同じことを意味するようになってきた、と推測することができるのである。

けれども、現在の日常的な言語使用においては、「メディア」という言葉はこれ以外の意味でも使われている。例えば「メディア関係者」と言うときの「メディア」はマスメディアの意味だが、日本語の「メディア」はカセットテープ、DVD、USBメモリなどの記録媒体という意味でも用いられる（他の言語でも一般的とは必ずしも言えない）。通常の意味での「メディアテーク」の「メディア」はこの用例であろう。さらに、書店のメディア論の棚には『メディアとしてのミュージアム』、『模型のメディア論』、『記録と記憶のメディア論』といったタイトルが並んでおり、「メディア」という概念ないし「メディア論」という研究領域の汎用性の高さが窺える。このように「メディア」という言葉が多義的かつ広範囲な意味を持つようになった複雑な経緯について、ごく簡潔に二点だけ指摘しておこう。

（1）カナダのメディア理論家マーシャル・マクルーハンが1960年代に『メディア論——人間の拡張の諸相』（原著1964／栗原裕・河本仲聖訳、みすず書房、1987）などの一連の著作においてメディアを「人間の拡張」として定義して以来、人文社会学の研究や評論などにおいて、メディア概念はかなり

広範囲な応用可能性を持つ概念になっていった（車輪は足の拡張、衣服は皮膚の拡張など）。

（2）1980年代のビデオカメラの普及や、1990年代のパソコンとインターネットの普及などによって、技術的媒体は徐々に一般市民の手に届くものとなり、巨大な資本を有するマスメディアのみが専有するものではなくなってきた。

smt開設の準備が進められていた1990年代は、このようにして市民がメディアを手にし始めた時代、メディアがもはやマスメディアのことのみを意味するのではなくなってきた時代であった。先に述べたようにsmt開設準備の作業が「メディア」概念の再定義をともなっていたことは、このような時代の状況を如実に反映している。例えば先に引用したsmt設計競技の応募要領には「市民ひとりひとりが自ら創造し発信者となることを支援する」という表現が含まれている。これは、この文章全体に通常の意味でのメディアテークの定義にはとどまらない印象を与える大きな要因だが、そこには言外に「ポストメディア」への志向性がある。二つの補助線を引いておこう。

フランスの精神医学者・哲学者フェリックス・ガタリは、晩年に著した「ポストメディアの時代に向かって」『エコゾフィーとは何か──ガタリが遺したもの』（原著1990／杉村昌昭訳、青土社、2015、所収）などのエッセイで「ポストメディア」概念を提起した。その骨子を要約すると、新しいコミュニケーション技術がこれまでは分断されていたミクロ政治的な諸実践の連結を可能にし、マスメディアの権力に抵抗する手段を与える、という見立てになる（ガタリは「ポストメディア」概念を、ほぼ「ポスト－マスメディア」という意味で用いている）。smtは仙台市の公共施設であるが、「市民ひとりひとりが自ら創造し発信者となることを支援する」という理念は、ガタリが構想したポストメディア的実践の理念、つまり、新しい情報技術が対抗的な運動の連帯を可能にするという理念と同時代的な感覚を共有している。

他方、メディア理論家のレフ・マノヴィッチとペーター・ヴァイベルはともに2000年代に、ガタリとはまったく別の文脈で「ポストメディア」概念を提起した。両者に相互の影響関係はないが、共通する認識はこうであ

る。つまり、テクスト、映像、音響がすべてデジタルデータとしてコンピュータ上で一元的に処理可能になった結果、文学、絵画、映画、音楽といった芸術ジャンルをそれらが使用する媒体（メディア）によって分類することが無意味になってしまった。それが彼らの主張するポストメディア状況であり、二人はそれぞれにこのような状況に対応する美学を提起している。

　マノヴィッチとヴァイベルが見出したポストメディア状況は、市民が発信者になることを支援するという理念を smt に実装する環境を与えたと言えるだろう。事実、smt はこれまでに様々な市民参加型のプロジェクトを推進し、それぞれのプロジェクトに撮影機材を貸し出したり編集環境を提供したりしている。こうしたサービスの提供は、すべてのメディアがデジタルデータとして一元化された時代でなければ容易ではなかったはずだ。それと同時に、開館後 20 年をすぎた現在から振り返ると、ポストメディア状況は smt の理念を推進するにあたっての障害としても立ちはだかり始めているように思われる。スマートフォンのカメラ機能が安価な撮影機材よりもはるかに高精度の映像を撮影できるようになり、さらにスマートフォン一台で簡易な編集もウェブやソーシャルメディアへのアップロードも可能になった現在において（それこそが究極のポストメディア状況である）、smt が果たすべき使命がどこに残されているのかという問いへの答えは簡単には見つからない。

　そして、スマートフォンとソーシャルメディアによって個人が容易に発信者になることができるこの時代とは、個人の自由な表現がグローバルな資本主義経済のネットワークに包含される時代でもある。それは必ずしも素晴らしい世界ではない。smt の建築を設計した伊東豊雄は、開館にあわせて刊行された書籍『せんだいメディアテークコンセプトブック』（NTT 出版、2001）に寄せた文章を以下のように締めくくっている。「せんだいメディアテークは永久に〈アンダーコンストラクション〉でなくてはならないのだ」（38 頁）。であるならば「メディア」概念もまた継続的に再定義し、アップデートしていかなければならない。そして、「ポストメディア」概念の有用性は、それが「メディア」概念の再定義を呼びかけている点にあるのである。

# 費用

貞包英之

[社会学、立教大学]

## アートと市場

　現代社会において、アートと貨幣は深く結びついている、といえば多く
の人は当たり前と思うかもしれない。アートの資産価値が称揚され、コレ
クションがビジネスマンの趣味として勧められるような世の中なのである。

　ただしアートと貨幣の結びつきは、もう少しアートの本質に関わってい
る。重要なことは、アートがそのものとしては自立できないことである。
アートはそれ自体としては他の制作物や社会的行為と区別できず、他の何
かによって認められることで、初めてアートとなることができる。

　現代社会において、アートをアートとして追認する最大の装置になって
いるのが、市場である。たしかに近年では、売買しがたいパフォーマンス
や巨大なインスタレーション作品も多い。しかしそれらも写真に撮られ、
記録に編まれ、NFT という電子的な手段と結び付けられたりすることで、
市場のなかで一定の位置を与えられている。バンクシーの落書きのように、
無償のようにみえる作品もある。しかしその場合も、アーティストのブラ
ンド力を高め、巡り巡ってその人のつくるアートの市場価値を高めるもの
であることがあくまで前提になっている。

　もちろん市場の価値に一見対立しているようにみえるアート的行為もな
いわけではない。ジョルジュ・バタイユは、贈与や祭を有用物を使い果た
す「消尽」の営みと考えた。賭けや消費もそのひとつで、価値ある貨幣が
投げ捨てられるという意味では、そこには非合理性が潜んでいる。膨大な
時間や多額の費用が場合によっては「無意味」に費やされるアートにも、
同様の要素が多かれ少なかれ含まれている。ただし市場とまったく関係の
ない無為の行為にとどまるならば、現代社会でそれがアートと認められる
ことはむずかしい。その場合、それは意味や目的を欠いた自己満足的消費、

つまり庭いじりや同人誌づくりなどと同じく「趣味」とみなされてしまうからである。

## 芸術祭の費用

　こうして市場と結びつくことで、現代社会においてアートはアートたり得ているのだが、ただし日本の場合、充分に市場が機能しているとはいいがたい。それを補うものとして近年模索されているのが、アートと社会のつながりである。貨幣的な価値とは別に、社会的な「公共性」を持つとされることで、アートにはしばしば別の価値が認められてきたのである。

　それが顕著に確認されるのが、とくに地方を中心に展開されてきた芸術祭の場合である。90年代以降、無数の芸術祭が地方を中心に展開され、アートの存在価値を救ってきた。

　ただしこの場合もアートは貨幣から切り離されているわけではない。ひとつにアートをつくるためにどれだけ貨幣が用いられたか、つまり費用対効果(コスパ)が厳しく問われるからである。とくに行政と関わる場合、できるだけ少ない費用で最大限の効果を発揮することが求められる。

　とはいえそれを証明することはむずかしい。アートが求められる役割を効率的に達成しているかどうかについてはつねに議論の余地が残るからである。たとえばある地方で開催予定だった芸術祭に反対する住民グループから話を聞いたことがある。その際に問題になったのは「財政逼迫のなか、市から持ち出しでなぜ芸術祭が開催されなければならないか」だった。とくに財政圧迫から市立病院では診療制限などがおこなわれていたなかで、なぜ芸術祭に投資されなければならないのかという不満が語られたのである。

　それを一例として、アートに「公共」の役割が期待される場合、手段の適切性と費用対効果(コスパ)が問われ、予算の削減が場合によってはシビアに求められる。他方、逆に多大な貨幣が集まりすぎる場合もあるが、その際は別の問題も生まれる。資金が豊富なことそれ自体は悪いことではないが、アートに多様な期待が寄せられ過ぎれば混乱や矛盾が生じるためである。

たとえば市や町の首長は、芸術祭をその実績をアピールするための重要な手段として利用してきた。住民の平均収入を上げたり、人口や雇用を増やしたりすることはむずかしいが、芸術祭を開催し地方に活力をもたらしたと主張することは比較的容易なのである。

　他方、住民の側をみれば、しばしば地元の顔役からなる観光産業関係者が地域活性策として芸術祭を望むことは当然として、さらに興味深いのが、新中間層的人びとの期待である。サラリーマンや公務員、教師、学生など相応の学歴と高い自己イメージを持つ人びとも、地方では地元の土地持ちや自営業者などの顔色をしばしばうかがい暮らさなければならない。芸術祭はそれを覆す恰好のマウンティングの機会になる。外部からやってくるアートを崇め、その価値を説くことで、一時のあいだであれそうした人びとは地方の主導的立場につくことができるためである。

　こうした地域の住人の期待以外にも、大都市からやってきて芸術祭を「消費」する観光客や、それを食い扶持とするアート関係者などの欲望が芸術祭には複雑に関与してきた。芸術祭は地方のさまざまな問題を解決する魔法の杖のようにしばしばみなされ、だからこそ行政や民間から多くの金を集めつつ、数を増し、また巨大化してきたのである。

　こうして社会の多様な期待に応えることが芸術祭には求められるが、多様な目的はときにコンフリクトを引き起こす。たとえば2019年のあいちトリエンナーレの「表現の不自由展」が展示中止に追い込まれたことは記憶にあたらしい。この場合はアートを「表現の自由」を拡大する機会とみる人びとの期待は棄却され、国家の統合を強めるという目的でアートに費用を用いることが正当化されたのである。

### ではどうすれば？

　ではどうすればよいのだろうか。市場や社会の期待に応えることがアートによりいっそう求められ、またそれによって貨幣との関係がますます深まるなかで、アートはそうした関係に縛られ、自律的な決断を下しがたくなっている。

　こうした事態を回避するために、ひとつにはアートと市場や社会、そし

てそれゆえ貨幣との関係を思い切って断ち切る道があるだろう。それはか
ならずしも不可能なことではない。貨幣的な価値を否定する「消尽」の営
みにアートを戻せばよいだけだからであり、具体的には地方がこれまでで
ってきて、やり続けている地域の作家や愛好家の展覧会などの営みへと芸
術祭を変えればよいのである。

　しかしそれはアートを釣りやギャンブルといった他の営みと同列の「趣
味」に変え、その代償として一定の歴史的課題として作られてきたアート
の固有性や特権を手放すことを意味している。

　それがどうしても受け入れられないならば、アートと貨幣の関係を認め
つつ、それを丹念に問い直していく道もある。たとえば具体的には、かか
った費用を事細かにあきらかにするような芸術祭もあってよいのではない
か。収支の概算だけではなく、個々の作品にどれだけ材料費や搬入費・維
持費がかかり、アーティストやキュレイター、さらにはボランティアに行
政や民間企業によってどれだけの報酬が支払われているのか(またはいない
のか)が、いわばそれ自体、作品として「展示」される芸術祭。

　もちろんこれは、アートを市場に従属させろということではない。冒頭
で確認したように、アートがアートであるためにはそれを承認する「外
部」が必要とされるが、アートが市場に完全に迎合すればそうした外部は
むしろ失われてしまう。それを避けるためには、アートに何が求められ、
期待されているのかをあくまで批判的に捉える必要がある。

　現代社会でアートは実態としては貨幣との関わりをいっそう強くしてき
た一方で、批評またはアートの実践はそのつながりを充分にあきらかにし
てきたとはいえない。そのせいでアートはしばしば市場や集団の意向に曖
昧に従い、ただ社会や共同体の利益を肯定するだけのものになっている。
それを避けることを望むなら、アートにかかわる「費用」の問題を隠し、
神秘化してはならないのだろう。その作品にいくらかかり、それがいくら
で売れ、誰がどれだけ支払い、誰がどれだけ得をしたのかといった問題そ
のものをアートのひとつのテーマとするような道をまずはこれまで以上に
切り開いていかなければならないのである。

# サービス

## 生きる意味を与える

桂英史
[メディア論、東京藝術大学]

### 時間の資本化

　現代社会では、標準時、時給、労働時間、時刻表、時間割などが象徴しているように、時間を資本化するとともに、生きる権利や福祉国家としての法制度が整備されてきた。その時間の資本化は、モノの生産と流通あるいは消費だけでなくサービスという人間の行為をパッケージ化し、それをサービスとして消費する習慣を確立していった。結果的に、食べる、寝る、読む、書く、描く、歌う、セックスするなど、人間のさまざまな時間の使い方が、消費という市場経済のシステムにサービスとして組み込まれている。まさに「時は金なり」である。

　例えば、ホテルの宿泊サービスは、宿泊という行為を遂行するにあたって得られる価値に価格が付けられている。一晩5000円の部屋を借りて出張の夜を過ごす人もいれば、セキュリティとプライバシーが確保された100万円のスイートルームで豪華に過ごす人もいる。ホテルを選択することは、時間の使い方のメニューを選ぶことにほかならない。

　サービスは一般的には、モノを生産する以外の労働と明確に区別されている。モノではなく、行為に対価が支払われる労働が商品なのである。つまりホテルというサービス業にとってのサービスとは、時間を使う行為に「価値」を見出し、その価値を提供することで対価を得ることにほかならない。

　英語の「仕える(service)」は、ラテン語で奴隷を意味するservusから来ているそうである。いくらラテン語の語源であるとはいえ、奴隷とは穏やかではない。ただ「仕える」というところから考えると、ホテルのサービスとは、お客さんが滞在する時間は《奴隷として「仕える」》ため、その対価を得るビジネスモデルだと考えることもできる。そうすると、その語源

も腑に落ちるというものだ。

## 福祉国家の介入が「生きる」ことに浸透すること

ホテルのサービスとは、要望に応じて時間の使い方を独自に提供する価値の提供である。ただ、「市場の失敗」である政府・自治体の公共サービスとなれば、それがどのような価値なのかということがより重要になる。ホテルと違って、行政のサービスは税金の対価なので、より公共性や福祉国家からの観点で考えなければならないのだ。

「この人は気に入らないから住民票を出してやらない」とか「あの方はたくさん住民税を払ってくださっているから、お茶を出してあげよう」という市役所や区役所があったら、標準的な公共サービスとしての原理・原則からは大きく逸脱することになる。

公共サービスとしての原理・原則にとって、病院における医療、学校における教育は、いつも重要な問いを投げかけてくれている。サービスがパッケージ化されているという点でも、あるいは福祉国家のあり方そのものを問う上でも、重要な問いとなる。この問いに対して自由という観点から、『脱学校の社会』や『脱病院化社会──医療の限界』といった著作で批判的に論じたのがイヴァン・イリイチである。

公教育という制度は子どもたちに標準的な教育を強制し、学校はかなり閉鎖的で特殊な共同体となっている。年齢によって組まれたカリキュラムという計画に従って、同一の年齢構成を原則とする学年制を正当化している。さらには「学力」という謎の指標で、社会の階層化や分断を促している。社会そのものも、学校の組織に倣った時間割のような時間の使い方や試験や内申書のような評価方法で労務管理や人事考課をおこなったりしている。それがイヴァン・イリイチの「社会の学校化」という批判的思考である。

時間の感覚が教育で刷り込まれるわけだから、「社会の学校化」は根深く浸透してしまう。この「社会の学校化」というイリイチが向けた批判の矛先は、公教育という特定の公共的なサービスだけではない。いわば近代社会で重視されてきたサービス全体に向けられたものでもある。

しかも、学校化には別の側面もある。「子どもの頃の思い出」はよくも悪くも、学校でつくられていたりする。つまり学校による教育サービスは個人の記憶にまで介入していることになる。医療や福祉における治療やケアも、その記憶に働きかけるメカニズムで、療養や治療などを記憶として作り出すシステムである。この記憶にまで働きかけるサービスによって、福祉国家の介入が「生きる」ことにまで浸透していく。そうした権力介入のあり方を「生‐権力」と位置づけ、近代社会における権力のあり方を批判的に検証したのが、ミシェル・フーコーの「生‐権力」批判である。

　「生‐権力」は自由にとっては、なかなか手強い制度設計である。何せ「生‐権力」は、制度やサービスを、個人の記憶のなかに、刷り込んでしまう力をもっているからだ。

　したがって、何らかのイデオロギーを公共サービスというかたちで提供すると、それは効率よく人びとの記憶の奥底にまで浸透する。そういった福祉国家の権力介入を、フーコーもイリイチと同様に批判的に検証していたのである。

　イリイチやフーコーの批判は常に個人の自己決定権を論点としている。そこから自由について思考することが、イリイチやフーコーの自由をめぐる思考の特徴である。病院や公衆衛生のシステムで公的に決められる健康と病気の境界も、イリイチやフーコーからすると「余計なお世話」である。健康かどうかは自分が決めることだ、という「個人の自己決定権」に向かう。

## 自己決定権のための公共サービス

　世界に誇るべき日本国憲法では、「すべて国民は、個人として尊重される」と「個人の自己決定権」が尊重されることを規定した(第13条)上で、「すべて国民は、健康で文化的な最低限度の生活を営む権利を有する。②国は、すべての生活部面について、社会福祉、社会保障及び公衆衛生の向上及び増進に努めなければならない」(第25条)と謳っている。

　ここでの「文化的な」という意味は、別に名画を鑑賞したり、楽器を演奏したり、劇団で活動したりするために政府や自治体が場所や機会を公共

サービスとして提供することを意味しているわけではない。たしかにそれも文化的な資源の提供ではあるが、あくまでそれは狭義の「文化的」に過ぎない。憲法が謳っている「文化的である」とは、個人が個人として尊重されるという理想のために、「表現の自由」や「知る自由」などさまざまな自由をめぐる権利が保障されているということにほかならない。

憲法の基本的人権は「個人の自己決定権」と言い換えることもできるが、それが「公共の福祉」という原則でどのように制限されるかで個人の尊重は様子が違ってくる。

私たちが社会の中で生活をしていく以上、ときに、ある人にとっての表現の自由が別の人の人格を棄損したりプライバシーを侵害したりすることがあり得る。いわば人権と人権の衝突である。その衝突が起こっている局面では、お互いの人権が一時的に一定の制約を受けることによって、双方の人権が最大限保障される。

このように、あらゆる人の人権があまねく保障されるためには、人権と人権の衝突を国家権力が介入して調整する必要が生じる。その必要性を、憲法は「公共の福祉」と呼んでいるのだ。「公共の福祉」は社会秩序の安定や国家権力による統治のためにあるわけでなく、「個人の尊重」を維持するために憲法が備えている基本的なメカニズムである。「公共の福祉」とは、人びとが標準的な権力の介入を受け入れることによって、福祉国家がめざす最大多数の最大幸福、つまり「しあわせ」や「豊かさ」をみんなで享受しようとする仕組みなのだ。

では文化的な資源の提供は何のために必要か。それが学校の教育サービスであっても、図書館の図書サービスであっても、公共施設の文化芸術事業であっても、福祉国家にとっては、個人の尊重を最大限図る利害調整が目的となる。その利害調整は、世界の多様さや歴史の信頼性あるいは人生の複雑さとおもしろさを表現が引き出すことになる。その表現を通じて人びとは、公共性や世界の多様さをまなび、日常や現実を再発見し生きる意味を獲得するのだ。長い目で見れば、文化的な資源を提供する公共サービスは、単なる時間の消費を乗り越えて、個人の自己決定権を利害調整しながら、最先端の倫理的な境界（エッジ）を引き受けることになるはずである。

# 余暇

栗原康

[政治学、東北芸術工科大学非常勤講師]

## 圧倒的なヒマ人でありたい

おまえに余暇はない。さいきん友人にそういわれた。えっ。衝撃の事実だ。わたしはふだん週一日だけ大学で非常勤講師をしている。80分の授業を2コマ。定期的な仕事としてはそれだけだ。もし仕事のあいまを余暇というのであれば、この160分以外はすべて余暇ということになる。

いちおう一日のタイムスケジュールをあげてみよう。まず午後1時半、起床。午後のロードショーをみながら食事をとる。麺類がおおい。午後4時からはフジテレビのニュース番組。衝撃的なくらい権力べったりの報道をするので、逆に勉強になる。午後6時、近所のノラネコにエサをやる。いわゆるネコ散歩だ。

午後7時、ノンアルコールビール「龍馬1865」をのみながら夕食づくり。おーい、龍馬。夕食後、1時間のひる寝。あとはテレビをつけながら読書だ。深夜、おもしろい番組がやっていたら本をとじてテレビに集中。

午前4時、「暴れん坊将軍」。気分上々だ。上様こと、松平健が悪党を成敗しはじめると、ちょうど朝陽がのぼる。モーニングコーヒーをいれる。優雅だ。午前5時から7時にかけて、ねむくなってきたら就寝だ。おやすみなさい。

ちなみに、深夜に原稿をかいているときもある。いまもそうだ。原稿料はもらえるときもあれば、もらわないときもある。仕事は仕事だし、カネはもらえればもらえるだけうれしいのだが、どれだけカネをもらえても意に沿わないことは書けないし、いやなら断るか、バックレてしまう。

これは労働なのか。そもそも労働時間はなりたつのか。ひるがえって、余暇ってなんだ。そういう意味もこめて、友人はいったのだとおもう。おまえに余暇などない。ただヒマなだけなのだ。圧倒的なヒマ人でありたい。

## 余暇に気をつけろ

　しかし余暇とは労働の余り時間でしかないのだろうか。いつからそういわれるようになったのか。さかのぼると、余暇の語源は古代ギリシア語の「スコレー」★01 だ。いまやっていることをいちど中断。その時間を哲学にあてる。具体的には、日々の生活にとらわれ、労働するのをやめて、自己修練の時間をつくるということだ。

　これだけきくといいじゃないかとおもえてしまう。だがここで意図されているのは、目先の利益にとらわれず、よりよい社会をつくることだ。そのために自分を成長させる。自分磨きだ。社会的に有用な人格を形成すること。これが余暇であり、「スクール」、つまり学校の語源でもある。学校、キライ。

　この論理が近代にはいるとさらに露骨になってくる。すべては資本主義という社会のために。学校はよりよい就職先をみつけて、よりよくはたらいて、よりよく会社の利潤をあげるためだ。そして、余暇が消費とひとしくなる。たくさん買えば、たくさんもうかり、たくさんつくれる。社会貢献だ。

　だけど、そんなことをつづけていたら、わたしたちの日常生活がまるごと資本に包摂されてしまう。カネがなければなにもできない。1960 年代、この問題にガチでメスをいれていたのがフランスの思想家集団、シチュアシオニストだ。

　「私生活（＝剥奪された生活）といっても、それは何を剥奪されているのか」という問いがあった。端的に言って、生を剥奪されているのである。私生活には生が残酷までに不在である。人々はまた可能な限りコミュニケーションを剥奪されている。そして自己実現も剥奪されているのである。むしろこう言った方が良いだろう、自分自身の歴史を個人で作ることを剥奪されていると。★02

　自分の生を自分で生きる。その力が剥奪されているということだ。たと

えば、ノドの渇きをうるおしたい。ほんとうは水道水を飲んでもいいし、おいしい湧水をくみにいってもいいし、わたしが幼いころは井戸水もあった。あそこの家の井戸水はうまい。きょうはもらいにいこうかと。

だが、いまでは水分補給がエビアンやクリスタルガイザーを買うこととイコールになっている。考える余地はない。ひと昔まえなら水を買うなんて笑いごとだったのに、いまじゃ水道水をガブ飲みしただけで、貧乏人かと笑いものだ。

なぜそうなったのか。消費だ。商品を購入することで生産活動をささえ、社会的に有用な自分をアピールできる。たくさん買える、わたしはえらい。そうしなければ怠惰とみなされ、ダメ人間のレッテルをはられて排除される。消費者にあらずんば、ひとにあらず。人間が商品に隷従させられる。

もしかしたら、そんな余暇は過去のもの。いまではみんな主体的に自己実現をたのしんでいますよというひともいるかもしれない。SNSだ。おカネをだして、オシャレな場所にいってインスタグラムにしきりに投稿。

しかしこれほどの苦行はあるだろうか。いいね、いいねを意識して、よりよい自分にならなきゃいけない。I AM WHAT I AM. たえざる自己修練だ。スコレーが暴走してゆく。自分がどうおもうかじゃない。まわりにどうみられるかだ。そんな自分を気にしていたら、自分がなにかもわからなくなってくる。もっと修練だ。

しかも GAFA よろしく、企業はその情報をまるで稲刈りでもするかのように刈りとっていく。アテンションエコノミーだ。人間が企業のマーケティングに利用される。それ自体が最大の商品になる。われわれはグーグルの小作人だ。アテンション、プリーズ。余暇に気をつけろ。学校をやめたい。

## ストライキは娯楽なのだ

日常生活が資本に囲いこまれていく。余暇をたのしめばたのしむほど、たのしみそのものが消滅していく。生が根こそぎにされる。そういうと資本主義がすごすぎて、なにもできなくなりそうだが、そんなことはない。

たとえば1920年代、日本で工業化が進展しはじめたころ、権田保之助

という社会学者が「民衆娯楽」の必要性をうったえていた。[★03]権田はいう。民衆は工場でひたすら単調な作業をやらされ、肉体的にも精神的にもまいっている。だから、その単調さをふっとばすような娯楽をもとめているのだと。刹那的で、直接的で、強烈な刺激。活動写真がいちばんだ。リフレッシュして元気にはたらきましょうと。

しかしそのすこしまえ、アナキストの大杉栄はほとんどおなじことばをつかって、真逆のことをいっていた。[★04]他人に支配されるな。おまえはおまえの生を直接生きろ。それができることをおまえの身体でかんじとれ。

主人面したブルジョアどもをぶんなぐり、工場に火をつけて、あらぶる力で機械をたたきこわせ。ああ、この強烈な刺激。たまらない。クビになってもいい。いま死んでもいい。刹那を喰らえ、テロルを生きよ。人生最高のこの一瞬を永遠にくりかえしてゆきたい。ストライキは娯楽なのだ。

もちろんストライキにはかぎらない。ちょいと一杯のつもりで飲んで、いつのまにやらハシゴ酒。気がつきゃベンチでごろ寝。これじゃ身体にいいわけないよ。わかっちゃいるけどやめられない。

強烈な酒の刺激。酩酊の利那。いつしかおもう。あれも人生、これも人生。明日のことなど気にせずに、もっとスーダラ生きてゆきたい。いつのまにやら余暇をはみだし、ずっとごろ寝だ。寝そべり主義者宣言。[★05]

いままでとは別の時間があらわれる。労働時間でも、その余りの時間でもない。まわりの評価などクソくらえ。いまこの一瞬しかないのに、それが今後、有用かどうかなんて意味をなさない。かんじてくれ、絶対無用。われわれにはわれわれの時間がある。真のヒマはいそがしいのだ。おまえに余暇はない、それがどうした。

★01│たとえば、熊野純彦『西洋哲学史　古代から中世へ』（岩波新書、2006）。
★02│『アンテルナシオナル・シチュアシオニスト三　武装のための教育』（木下誠訳、インパクト出版会、1997）、67-68頁。
★03│権田保之助「民衆娯楽の基調」（『権田保之助著作集　第一巻』学術出版会、2010）。
★04│たとえば、大杉栄「新しき世界の為めの新しき芸術」（『大杉栄全集　第四巻』ぱる出版、2014）をどうぞ。
★05│『寝そべり主義者宣言』（RYU、細谷悠生訳、素人の乱五号店、2022）。寝そべりたい。

# 第2章

# 経験を言葉にする

# わかりやすいはわかりにくい

## ぐずぐずする権利

鷲田清一

［せんだいメディアテーク館長］

　〈わたし〉とはだれか？　その答えとなるものをひとはアイデンティティと呼ぶ。精神科医のR・D・レインは、このアイデンティティを「それによって、この時この場所でも、過去でも未来でも、自分が同一人物だと感じるところのもの」（『自己と他者』志貴春彦・笠原嘉訳、みすず書房、1975）と定義している。ひとは自分がこれまで経験してきたさまざまなことを材料に、自分を「だれ」として仕立ててゆくが、その過程でシナリオはいろんな事件をきっかけに修正されもする。その生成するシナリオがそのつどの〈わたし〉のアイデンティティを構成している。そこから次にアイデンティティのもう一つの定義、「自分が何者であるかを、自分に語って聞かせる説話<sub>ストーリー</sub>」であるとの定義が導かれる。

　このストーリーはわたしを〈わたし〉たらしめているものとしてわたしを支えるのだが、ストーリーであるからにはときに破綻もするし、またわたしを閉じ込める檻のようなものとして撥ねつけられもする。

　このストーリーはわたしが「自分に語って聞かせるストーリー」であるとされるが、いうまでもなく、それはたんなる独り言ではなく、まわりのさまざまな人間を巻き添えにしてゆくものであるし、また同時代のさまざまな出来事に巻き込まれてもいる。つまり、わたしのアイデンティティについての語りは、同時代の世界についての語りと複雑に絡まりあっていて、だからわたしがわたし自身をこの世界、この(歴史的)社会のなかにどうマッピングしているかということと切り離せない。

　しかし「かたる」ということが語りであるとともに騙りでもあることからあきらかなように、その真理性というものはたやすくは成り立たない。現にわたしが自分に向けて語るそのアイデンティティは、往々にして、架空のわたしを騙る偽物語である。じっさい、自分について語ることは、自分が経験してきたもろもろの出来事のうち何かをフォーカスし、選択した

ものであるからには、編集という作業を本質的に含んでいる。そのとき語りの真実性を確保しようとしても、語りが照合されるべき対象(「ほんとうの自分」?)もまた語られたものとして存立するほかない以上、語りの真実性は語りの内部では決しえない。辻褄さえあっていれば(つまり整合的であれば)説話は説話として成立するわけだ。

　自分を世界に沿わせつつ語るとき、その語りにくさゆえに、苦し紛れに世に流通する言説に同調しがちである。流通する言説のもっともらしさに幻惑されて、その言説の構造につい同化してしまう。そしてそこに、わかりやすさの落とし穴がある。

　一つだけ典型的な例をあげるとすると、SDGs(持続可能な開発目標)。その17の目標を見てみると、「すべての人びとに(for all)」という表現が頻出する。ほかに「あらゆる場所のあらゆる形態の貧困を終わらせる(End poverty in all forms everywhere)」とか「すべての女性および女児(all women and girls)」といった表現もあって、とにかく「すべて(all)」がめだつ。それに、「貧困をなくそう(No Poverty)」、「飢餓をゼロに(Zero Hunger)」というふうに、「すべて」の対極にある「皆無」という表現もまた好まれる。

　「すべて」という全称的な表現があまりにたやすく口にされる。じっさいのところ、「環境保護」にしろ「安全」にしろ、さらに「多様性」の称揚にしても、そこに見られる主張はあまりに正当すぎて、だれも正面からは反対できないものである。しかし、そうした主張を構成する命題は、そうした世界の記述の裏にある別の問題群を隠蔽し、スルーすることで、結果として問題を延命させることになっていないか。いかに高度化(?)した資本主義といえども、労働の搾取、自然資源の収奪を不可欠の前提として駆動するものであり、そのかぎりで地上の人びとのあいだに格差と分断をもたらさずにはおかないものであることをおもえば、貧困の撲滅であれ、環境の保護であれ、セキュリティの確保であれ、それぞれに裏を返せば、SDGsも、これまでの市場の構造のよくて修正、あわよくばむしろ資本増殖の機会を捉えて、相も変わらず「経済成長」の持続を狙っているともいえるし、「環境保護」はイノベーションのチャンスとして、「セキュリティ」は監視の強化へとすぐに裏返る。そのかぎりで、きれいにまとめては

いるが、じつは底の割れた文飾だとの嫌疑も拭いがたい。

　SDGs が隠蔽している現代世界のこうした構造的な影や闇を明るみに出すためには、おなじ問題を違った角度からも照射するそうした別の視角を具えておかねばならない。できれば現在の自分の視点からすれば最遠点にありそうな光源から、いま目の前にあるものを照射しなければならない。

　といってもしかし、わたしたちはそうした事態について、その構造や原因や対策が正確に見透せているわけではない。それに考えれば考えるほど問題の脈絡もまたあらたに見えてきて、問われるべきことがらはいっそう増える。そういう複雑性の増大に直面したときにひとが陥りやすいのは、滑りのよい言葉、わかりやすい説話に飛びつくことである。そういうシナリオは、事態がうまくつかめないときのそのもやもやに、あるいは苛立ちに、切りをつけてくれるからだ。だが重要なのはその逆、つまり、結論を急がずに、ああでもないこうでもないと、ぐずぐず、しこしこと考えつづけることである。問題となっている事象が立体的に見えてくるまで、いわば無呼吸のまま潜水しつづけることである。そこでつけるべき肺活量こそ知的な体力ともいうべきものであり、人びとがこれまで〈教養〉と呼んできたものなのであろう。

　同時代の世界の理解のみならず、自己の理解もおなじで、それは終生問いつづけるほかなく、ついに正解にはたどり着けないものである。人生も終末に近づいたからといって、自分のことがより判明になるわけではない。理解はジグザグと進んでゆくほかないものである。ジグザグをいくつも経験するなかで、問題を解くために当てる補助線も増えてくる。このように、細部のニュアンスや錯綜したコンテクストを一つひとつほぐしてゆくなかで、世界はいっそうくっきりと、より立体的な姿で現われてくる。そうしてだいたいの目測もきくようになる。

　このような思考のプロセスを独りで歩み抜くことはしかし、なかなかに難行である。問題となっている事象を別のパースペクティヴから見つめることができるためには、そして一本でも多くの思考の補助線を持ちうるためには、むしろ別の考えや感覚を持っている人たちとの語らいの場へと出てゆき、問題についての異なる意見も聞き、自身の意見をそれらとじっく

り摺り合わせてゆくのも、一つの重要な算段となろう。せんだいメディアテークがそうした対話のための開かれた場として開いてきたのが、てつがくカフェをはじめとする《考えるテーブル》の事業である。

　あらかじめ定められたマニュアルにしたがって議論を交わすのは、マニュアルに適合しない問題には無力である。わからない問題にわからないまま正確に向きあうためにはむしろ、反マニュアル的にこそ思考しなければならない。が、着地点が見えないまま、何一つ確かなものを手にできないなかで、しばしニュートラルなままで漂っているというのは、自分がこれまでその枠内で動いてきた思考の初期設定、もしくはそれを下敷きにしてきた思考のフォーマットが揺らいでしまうのだから、心細いものである。だから参加者が、いくつかの道を行ったり来たりしながら、問題の渦中をしばし浮遊していられるよう、対話の空間の設えや座席の並べ方、さらには発言することのみならず黙ったままでいることにも不安を感じずにすむような工夫もまた必要となるだろう。それらの工夫も含めて、わたしはこうした試みの全体を「ぐずぐずする権利」と名づけたいとおもう。

# しらべる

藤原辰史

[歴史学、京都大学]

## 1

　小学生の授業は、「しらべる」ことであふれている。世界にはどんな国旗があるか、太陽と月はどう動くのか、日本にどんな湖があるか、それらを教師がいきなり教えるのではなく、自分たちでしらべさせる学習は基本中の基本だろう。大人の生活も、もちろん例外ではない。体の調子が悪いとき家庭用の医学書をしらべ、手紙を書くときは住所録から住所をしらべ、電話をするとき電話帳で電話番号をしらべ、旅行するとき時刻表で電車の時刻や発着駅をしらべる。

　「しらべる」ことは、「おぼえている」または「わかっている」ということと反比例の関係にある。おぼえていれば、そしてそれが完璧であれば、しらべる必要はない。「ちょっと待って、ぼくのあたまをしらべてみるね」とは言わない。「あなたのあたまをしらべたい」という会話は脳神経外科でしか成り立たない。住所にせよ、電話番号にせよ、脳に記憶されてさえいれば、しらべる必要はない。

　さらに、「しらべる」ことは、「となりの人」とも深い関係がある。となりの人が知りたいことを知っていれば、しらべる必要はない。となりの人に聞けばいいのだから。となりの人は、はじめて会った人でもかまわない。「ちょっとすみませんが、駅まではどういけばいいでしょうか」という声さえかけられれば、確実とまではいえないけれども有益な情報を教えてくれることが多い。そのとき、声をかけた人を「しらべる」、とはいわない。「尋ねる」という動詞がふさわしい。人をしらべる、というのは、犯罪をおかしたと思しき人物の身辺を調査するようなときか、あるいは、ある地域のことを知りたくて、そこに住んでいる人間を抽象的にとらえるとき（たとえば、「あのあたりの住民をしらべてみます」と言う刑事のように）にのみ用い

られることばだ。

　また、太陽の運行をしらべる小学生は、数時間ごとに空を見上げて太陽の位置を確認し、ノートやプリントに書き込んでいく。三六五日、時間単位で、頭の中にいつも太陽の位置が確認できる人はほとんどいないだろう。

　つまり、「しらべる」は、必要と思われる情報が、自分と近辺の人間の記憶容量を超えているとき、自分の身体の外にある情報の束に自分の関心を照らし合わせ、必要な情報を獲得しようとする行為を意味する。

## 2

　興味深いことに、「しらべる」の文語表現である「しらぶ」という語は、長らく、楽器の音律を整える、とか、音楽を奏でるという意味で用いられてきた。たとえば、「琵琶を黄鐘調にしらべて、いとのどやかにをかしく弾き給ふ」という『堤中納言物語』の「花桜をる少将」の一節が引用されている大野晋編『古典基礎語辞典』（角川学芸出版）によれば、「しらぶ」という語に「かれこれ照らし合わせて考える」という意味が登場するのは中世末まで待たなければならない。

　仮に、中世から近世への移行をあらわす重要な現象のひとつが、領主権力の増大や権力の中央集権化、または官僚制機構の発達を意味するのだとしたら、調査するという意味での「しらぶ」の登場の時期は情報の集約の時期と重なることになるだろう。領主や幕府は、膨大な情報を一括して収集、整理、保存しなければ、政治ができないからである。丈夫な和紙の保存性に依拠した、いわば「脳に外付けしたメモリーシステム」の整備によって、「しらぶ」という行為が人びとの意識に繰り返しのぼりやすくなった、と言えるかもしれない。

　それにしても楽器の音律を整える行為はどうして、調査する、というような、色気のない意味を含むようになったのだろうか。想像力をたくましくして言えば、楽器から無限に発せられる音の束の中で、最適な音を選び出すという「しらぶ」から派生したのかもしれない。

　転じて、数ある音の中から、音を選び、それを音楽として奏でることも「しらぶ」と言うのであれば、私たちが「しらべる」と普段使ってきた動

詞をそれが登場した中世末という時代以前に戻って、もう一度、重ね合わせたくなるのは私だけだろうか。

## 3

　歴史を研究する多くの人にとって、過去に何があったかという事実をしらべるときに、文書館や図書館という建物は不可欠である。そこには国や地方自治体や企業の文書や、これまで出版された書物が大量に整理され、保存されている。どんな文書があるかをしらべて、読みたい文書や書物を注文し、受けとる。文字を読んで、事実を知り、知ったたくさんの事実を時間軸で並び替える。歴史を研究する、という行為を切り詰めて表現するとこんな感じであるが、それはまさに「しらべる」行為の百貨店である。脳の外に膨大な事実の海が広がっていると、学問の担い手なら感じることが多いと思うが、とりわけ歴史研究者という職業人は、自分が立つのが大海の中の孤島にすぎないという自己認識が比較的強いと思う。

　歴史の事実を確定する作業は、かなり時間がかかる。たとえば、歴史上の登場人物であまり有名でない人の生年月日や没年月日をしらべるのには膨大な時間がかかる。私は、『ナチスのキッチン』(水声社、2012、決定版：共和国、2016)という歴史書を執筆しているとき、ヴァイマル共和国期に人気の家事アドバイザーだったエルナ・マイヤーという女性のことをしらべていた。彼女の生年は書籍の著者紹介でわかったのだが、没年月日がどれだけ人名辞典で探してもわからない。本の中の主要な登場人物のひとりであるので、没年月日がわからないというのは致命的である。それは、月日まで確定している重要な事件のとき(たとえばヒトラーが首相に任命されたとき)の年齢を確定するのに必要不可欠だからだ。

　巨大な建物のベルリン州立図書館を歩き回り、あらゆる参考図書をひっくり返しても見つからない。ほかの作業時間を圧迫するので、イライラが募る。音楽を奏でる、音律を整える、というような風景は、むすっとした顔の私の作業を形容するにはふさわしくないだろう。

　調べはじめて2週間ほどたったあるとき、エルナ・マイヤーが結婚する前の苗字がポラックだとわかり、これはユダヤ人の名前に多いことをある

人から聞いた。さっそくユダヤ系の人名辞典を調べてみたら、彼女の名前を発見した。たかが、没年月日のデータじゃないかと言われるかもしれないが、このときの喜びは尋常ではなかった、ということを世界中の歴史研究者はわかってくれると思う。あの経験を思い起こすと、たしかに、「しらべる」という行為は、楽器を調律するあの動作と似てなくもない。膨大な文字の海の中からエルナ・マイヤーの没年月日を探りあてたとき、この本、書けそうだと思えたのだ。

## 4

けれども、「しらべる」ことで「わかった」あと、一抹のさみしさのようなものを感じたのも事実である。生没年月日を探りあてる長い探検の日々は、もう終わったのである。もう二度と、この人の没年月日をしらべる必要はないのだ。

しらべる、という行為にはきっと、「終わってほしくない」という天邪鬼な気持ちも紛れていると私は思う。このまましらべつづけていたい、という気持ちが私のなかに芽生えてもいた。しらべる過程で、知らなかった人名辞典と出会えた。わかってしまうことへの恐怖。調べ切ることへのさみしさ。それはもしかすると、もっと世界が広くあってほしいと願う気持ちの裏返しかもしれない。

ちなみに、インターネットに格納されている溢れる情報も海にたとえられる。検索画面に言葉を打ち込んで、いろいろな情報をしらべることも日常茶飯事となった。スピードも早いし、便利だ。だが、どこか物足りない。検索エンジンはヒット件数を表示してしまう。該当するものがない、もしかして、こちらではありませんか、とあきらめてしまうこともある。「もっと広いよ、この海」と叫びたくなるのだが、虚しく液晶画面に向かってこう叫ぶ私は、「しらべる」結果よりも、「しらべる」あいだの過程に魅惑されていたことに気づくのである。音楽はその過程も含めて、奏でられているのだろう。

# 研究者と表現者

## 世界の複雑さと、どう向き合うか

山田創平
［社会学、京都精華大学］

### 研究における主観と客観

　例えば、私が自分の血圧を測り、その数字が血圧計からアウトプットされる。そこには「110／85」という数字があり、それはいま、私の血管が拍動し、よって心拍が存在し、ひいては私が生きているという証になる。だが、血圧計から印字されたその紙切れに、生命の温もりはない。私が生きているかどうかを知ろうとするならば、私に触れ、体温や皮膚の弾力を感じ、その「生きている」という感覚を、身をもって知ることもできるはずである。温もりや息吹、あるいは直観や予感、沈黙、空白、余白。

　私はこれまで、様々な学術論文を書いてきた。だがそれらは世界について何も言っていないのではないかという感覚が常にある。本当に重要なことは言葉にできない。世界はもっと複雑であり、そんなに単純化できない。一方で、「110／85」という「単純な」数字が重大な意味をもつこともまた、しばしばあり得る。その数字をもとに投薬が行われ、治療が進み、人々は日々実際に健康を取り戻すだろう。社会科学の領域でも、量的なデータがある社会問題の存在を明らかにし、具体的な施策や法制度が検討されることもある。つまり学術的な研究や記述は、それはそれで役割がある。その事実もまた無視はできない。

　私自身、この二つの領域、つまり「科学的で学術的な記号世界」と「直感や予感に満ちた感覚世界」の間で、常に葛藤してきた。私は研究者としてのキャリアを「HIV 感染対策」からスタートしている。社会・文化研究者として、インタビュー調査やアンケート調査をもとに、適切なエイズ予防のプロジェクトを立案し、結果を効果評価してきた。アウトプットの形式は、ほぼ定形があり、学会発表の形式や発表時間も厳密に管理される。日本エイズ学会の学術集会では演題発表は 8 分間であり、残り 1 分で演台

の上にある黄色のランプが点滅し、8分を過ぎると赤色が点滅する。その
システムは数多くの研究内容を世に知らしめるために必要なものである。
だがそこで扱われているのは人間の命である。8分間の発表に「盛り込ま
れなかった」データや分析が実は重大な意味をもっていたとしたらどうだ
ろう。厳密さの陰で、それらのデータや分析は永久に世に出ることなく世
界の隙間に落ちてゆく。

　忘れられない経験がある。私が厚生労働省のエイズ研究班でクライアン
トへのインタビュー調査を行っていた時のことである。あるクライアント
が、自らの経験を語る。その人は淡々と「ある出来事」を語った。その瞬
間、私の周りの世界は音を失い、私は虚空のただ中にいた。その「出来
事」は、私がそれまでの人生で聞いた「最も悲しい話」だった。私の感情
は大きく揺れ、世界の見え方が、その色彩が変わった。いくつかの記憶が
明瞭に思い出されたが、その理由はわからなかった。その空間が一瞬氷の
ように冷たく感じられ、その後、暖かくなった。私はICレコーダーを止
め、そこで調査を打ち切った。そしてそのまま数時間、そのクライアント
と他愛もない話をした。赴くままに、ただ話をした。その時の調査データ
を論文にすることはなかった。

　そもそも「科学的で学術的な記号世界」と「直感や予感に満ちた感覚世
界」は対立するものなのだろうか。私自身、エビデンス（根拠）を得るため
に様々な社会調査を実施してきたが、調査をする前にある程度、「問」に
対する答えが「わかっている」と感じることがよくある。

　厚労省のエイズ研究班にいた時、私は研究者としてインタビュー調査や
アンケート調査を行ったが、同時にエイズ予防のNGOスタッフとして
日々、調査とは関係なくクライアントに接していた。それらの実践や対話
の中で感じる事柄の中に、ほぼすべての情報があった。だから、「エビデ
ンスを得るために」何らかの社会調査を実施しようと計画を練ったとして
も、その時には、問いに対する答えがもうほとんどわかっているのである。
それはいわば、現場の「感触」とでも言い得るものだが、その「感触」は
あくまでも感触、直観なので、それらがエビデンスとして、学術的な成果
として世に出ることはない。それでもそれを言語化し、学術論文の形でア

ウトプットするのが研究者なのだろうが、いくらそれをやろうとしても、どうしても現場の「感触」とずれてしまう。学術論文では常にシンプルな結論が示されるし、示されねばならない。だが、現実は単純ではない。現実は私の想像をはるかに超えて、常に流動的で、複雑で、意外性をもつ。結局私自身は、エイズ研究班にいたころ、学術的に精度の高い論文をほとんど書くことができなかった。これは私自身の反省である。だが、書けなかった理由もまた、私の中には確かに存在した。

## 研究とはそもそも主観的なものである

　研究によって明らかになるのは、世界のひとつの(本当に小さな)側面にすぎない。どれほど調査の技術を駆使しても、世界や現象の大枠を明らかにすることなどできはしない。真理に到達することもあり得ない。現象の因果関係にせよ、人々の行動に影響する心理的要因にせよ、その「さわりの部分」ぐらいは感じられるかもしれないが、真実や真理を知ることなど不可能である。このことは社会科学の研究者にとってはいわば常識だし、どの社会調査の教科書にも書かれている基本的な立ち位置である。だが、なぜか科学的な研究成果は、しばしば「真理の装い」をまとう。だが、それはやはり「真理」ではありえない。

　そもそも、学術的で科学的な研究が、世界のひとつの側面(切り口)しか明らかにしえない時、ではどの側面(切り口)で研究を行うのかは研究者の判断による。その判断は極めて個人的に、主観的になされる。そしてそうであるならば、この世界に存在するすべての学術的研究は、主観的な興味によってなされ、その切り口は主観的な判断により設定され、よってそのアウトプットは「研究者の主観的な世界理解」、つまりは解釈ということになるだろう。研究者はしばしば自らの「切り口」を「興味」という言い方で表現するが、その「興味」には、その人が生きてきたこれまでの人生、子どものころのあらゆる経験、ある時偶然出会った書物や人物など、ほとんど無限の要因が反映している。研究者はあたかも「自らの外部に存在する何かを客観的に分析する」というスタイルをとろうとするが、実際にそこでなされていることは「私」という存在に対する理解を深め、自己像を

彫琢し、自らを知ろうという試みである。自らと世界との関係を知りたいと願い、その欲望を突き詰めるために、調査をデザインし、学術論文を書くとき、そこで行われているのは「自分が自分で感じるその感覚」の突き詰めである。そして、そうであるとするならば、それは小説の執筆や、美術の制作、その他あらゆる主体的な創造、創作のありようと何も変わることはない。研究と創作は連続しているのに、そこに何らかの価値の違いが生じるならば、そこには科学を特権化する近代のイデオロギーがある。

　ここで私が言いたいことはシンプルである。例えば社会科学に関して、科学的で学術的な論文の方が、小説や映画よりも「世界を精緻にとらえている」とする根拠は何一つないということである。そこにあるのはアプローチの違いであり、どちらも世界に言及している。研究者はもっと主体的に自由に自らを表現して良い。

　ニーチェのツァラトゥストラが小説として書かれているのも、バルトの『明るい部屋』(1980)で「温室の写真」が最後まで姿を現さないのも、見田宗介が真木悠介を名乗るのも、男性中心主義的な言語規範、論述規範からの脱却を意図するエクリチュールフェミニンが、従来の「学術的な」言表行為を拒否するのも、おそらく同様の理由である。私が作品を制作し、小説やエッセイを書く理由もそこにある。研究者もアーティストも、小説家も、批評家も、あらゆる表現者は、自らの生きたい生き方、考えたい考え、突き詰めたいテーマに、もっと自由であって良い。そしてそもそも、この世界には表現者ではない人などひとりもいないのだから、すべての人がもっと自由に自らを表現していい。そしてもっと正直に生きたほうがいい。現在書かれている査読付き学術論文の中で、100年後も読まれる論文は1万本に1本もないだろう。ならばもっと好きにしたら良い。直感や予感、感触や空白をもっと大事にしたほうがいい。自らがただぼんやりと、だが確かに感じるその感触や感覚を大事にする余裕だけは、どんな時も失わない方がいい。それは倫理的要請である。私はそう思っている。

# 「プロ」と「アマ」

## あるいは、「仕事」と「遊び」のリディフィニション

豊嶋秀樹

[キュレーター／アマチュアスキーヤー、gm projects]

　数年前から、スキーにどっぷりとハマってしまい、冬は北海道で過ごすようになった。有名なスキーリゾートであるニセコに隣接する羊蹄山という山の麓で毎日スキーをして暮らしている。

　1月から3月の半ばまで、雪が降り続いている限りは毎日でも羊蹄山を滑る。スキー場ではなく、自然の山を歩いて登り、滑って降りてくる。バックカントリースキーと呼ばれ、しばしばテレビで遭難騒ぎが報じられるアレである。山から降りると、町への買い物ついでにスキー場で1時間ほど滑る。3月の後半になり、冬型の気圧配置が緩んで天候が落ち着いてくると、あちこちへ残雪の残る春の山を滑りに行くようになる。という具合で、1月から5月までは、ほぼ毎日のようにスキーをしている。

　そんな僕の生活は、周囲の人を少々困惑させるようで、「プロを目指しているの？」とか、「スキーは仕事ですか？」と聞かれることも多い。

　僕は、プロスキーヤーでもなんでもなくて、好きで毎日滑っているだけのアマチュアスキーヤーだ。

　そして、最後の質問はいつもこうだ。「それで、どうやって食べてるの？」

　冬の間、まったく仕事をしていないわけではない。だけど、スキーにできるだけ多くの時間を割り当てたいので、仕事をしすぎてスキーをする時間がないということにならないように気を遣っている。

　そう説明すると、毎日遊んでいるようにしか見えないよ、と半ば呆れたように言われるのだ。そして、それはある意味正しい。

　前置きが長くなったが、そんな僕自身のライフスタイルを引き合いに、タイトルにある「プロ」と「アマ」について考えてみたい。そしてそれを僕たちの日常の問題として捉えるために、少し角度を変えて「仕事」と「遊び」という比較をとおして眺めてみようと思う。

「プロ」と「アマ」の違いとはなんだろう。なんとなく「プロ」は「アマ」よりも上位に位置づけられる存在のように思えるが、決定的な違いは、「収入を得るための仕事」としているかどうかという一点に尽きる。スキーを滑ることで報酬なり賞金なりが得られるかどうかである。この点から、実業団のスポーツ選手は厳密な意味において「プロ」ではなく「アマ」である。なぜなら、彼らは選手としてではなく、あくまでも実業団を有する企業や団体の会社員や職員として雇用され報酬を得ているからだ。

要するに、「プロ」の方が「アマ」よりも何かがうまいわけでもなく、速かったり強かったりするわけでもなく、ましてや、優れていたり価値があるわけでもない。そういったことは「プロ」と「アマ」の定義上の違いにはまったく無関係のはずだ。

「仕事」と「遊び」に置き換えて考えてみたい。すると、ここでも「プロ」と「アマ」と似たイメージをともなうことに気がつく。「仕事」の方が「遊び」よりも、本気で、優先されるべきで、責任があって、人生がかかっているから重要であると。では、どこからが「仕事」であり、また「遊び」になるのか。決定的とも思えるその線はどこに引かれるのだろう。「プロ」とは？　という質問と同様に、「仕事」とはお金を稼ぐことだと答える人も多いだろう。しかし、本当にそうだろうか。「仕事」と呼ばれるものの中にも、稼げるものと、稼げないようなもの、ましてや赤字を出してしまうようなものまで色々あるだろう。「仕事」がお金を得ることであるのであれば、収入にならないような「仕事」はなんと呼べばいいのだろうか。

僕の冬の北海道での生活を行動ごとに分類したとする。そして、それを「仕事」と「遊び」に仕分けようとすると少々混乱が生じる。例えば、朝の除雪。これはその日のクライマックスに朝イチから取りかかるようなものだ。眠いし、寒いし、重労働だし、作業に1時間以上かかることもある。やっても一銭ももらえないが、やらなければ外にも出かけられない。除雪が終わると朝食となる。僕は、朝食に限らず食事は自炊することが多いので、これもそれなりの時間と労力を要する。しかも、どれだけ素敵な朝食を自分のために用意しても誰も僕に代金を支払ってはくれない。そしてス

キー。風雪にさらされながら3時間ほど山を登り、ガスがきれて視界がひらけるのを震えながら待ち、雪崩に遭うリスクも含みつつ斜面を滑り降りる。この場合でのスキーは命がけの非収益行為である。山から降りた後、スキー場へ滑りに行くと同じスキーでもリフト代を払うことになる。そして、今、こうしてスキーをたとえに原稿を書いている。これについては、もしかすると多少のギャラはいただけるかもしれない。

　こうして整理していくと、我々の一日には「仕事」や「遊び」という分類ではなく、いろんな種類のやることがあって、その中にお金を「もらえるもの」「もらえないもの」そして、「払うもの」という三つの仕分けがあると考えた方がしっくりくることに気が付く。その上で、もう少し「仕事」と「遊び」という仕分けに基づいて話を進めてみたい。

　我々は生活に必要なモノやサービスを得るために、いったん自分の生活とは直接的な関係のない「仕事」という行為を行い、その対価として受け取った金を使って生活に必要な物事を得ている。料理を自分でするかわりに、レストランへ行ってカードで支払ったり、家を大工さんに建ててもらい、稼いだお金でローンを返済するというように。これは、生活や生きるという視点から見た場合には、少々遠回りな方法にも感じられる。なぜなら、時間や労力を惜しまなければ、「北の国から」の五郎さんのように自分で家を建ててしまうこともまったく不可能ではないからだ。セルフビルドの家づくりとまで言わずとも、除雪や料理、スキーといった行為を、収入とならないという意味で広く「遊び」に属すると捉えるとする。そのとき「遊び」は、収入／消費という迂回路を経由することなく、生きることにダイレクトに通じているように思える。こうして、我々は「仕事」を「遊び」の上位に位置付けるすべての瞬間において、生きることを間接化してしまっているといえば大袈裟だろうか。これが「遊び」に対する「仕事」の優位性という感覚への違和感の根拠なのかもしれない。

　もちろん、「仕事」が社会経済において必須であることに異議を唱えるつもりはない。しかし、それは「仕事」が「遊び」より高度で難易度の高いことだからではない。むしろ、「遊び」は、はるかに能力や技術、そし

て責任感を問われる場合もあると言うと共感を得ないだろうか。さらに「遊び」は「仕事」より生きるセンスを要するというと言い過ぎだろうか。「遊び」ではお金がもらえない。しかし、そのおかげでお金をもらえること以外のすべては「遊び」になり得るのだ。

「仕事」には契約や雇用の条件、作業や業務、勤務時間、ノルマや目標、責任の範囲において取り交わした決まりがある。いっぽうで、「遊び」には一切の制約がない。守ってくれる組織や契約もない。すべて自己責任である。僕たちが一日のうちに数えきれないほど行っている「遊び」は、僕たちの人生を直接的に決定づけていく。

料理もスキーも原稿を書くことも、僕にとっては、どれも等しく大切なことであり、生活の中でどれかが他より価値があることにはならない。「仕事」は、収入につながるという点で特殊であるが、必ず優先されるべきであるという意味にはならない。こうして、生活することや生きることに軸足をおいて考えてみると、「仕事」と「遊び」という二項対立ではない一日の景色が見えてくる。

「仕事」と「遊び」の関係性で見てきたように、「プロ」と「アマ」においても同様に考えられると思う。

「プロ」とは、すべての「アマ」的行為の中において、ある特定の行為を収入を得るための「仕事」として特殊化した人のことだと言える。その意味で、「プロ」であっても、その特定の「仕事」以外では「アマ」である。同様に、すべての「アマ」がどの瞬間においてもまったく「プロ」であることなく生きていくこともあり得ない。我々は、日々の営みの中でそれぞれに「プロ」と「アマ」の両方の役割を状況に応じて使い分けている。その切り替えにおける優先順位の付け方や、優劣の置き方を間違えないようにしたいと思う。なぜなら我々は、生きるという営みにおいてはどこまでいっても、「アマ」なのであり、決して「プロ」にはなり得ないのだから。

そういう意味で、これからも「アマ」のスキーヤーとして、精一杯「遊び」に取り組んでいこうと思う。

# 変な人

佐藤知久
［文化人類学、京都市立芸術大学］

## 友人の友人とコーヒーを飲む

　SNS も、ケータイもまだない 1990 年代の前半。京都に、ほんの数年の
あいだだけだが、Weekend Café という「喫茶店」があった。

　2 人の大学生と、1 人のアーティストが、友人たちとはじめた非営利の
「店」。学生寮の敷地にあった古い洋館の一室をつかい、個人パーティの延
長線上にある集まりとして、何かのときの責任は自分たちでとるつもりで、
二週間に一度、夜明けまで、自由気ままにやっていた。

　開店にあたっては「口コミだけで知らせる。経済的な利益は目指さな
い」という条件があった。この場所を仕切っているのが特定の誰かだとい
う雰囲気や、この活動で有名になるといった欲望も希薄だった。それでも
やろうと思ったのは、この古い洋館を使えること自体が一種の「贈りも
の」なのだという感覚を、この 3 人が共有していたからかもしれない。

　そうした気配が伝わったのだろう。お客さんたちは、自発的にお店を手
伝うようになった。好きなレコードをかけ、コーヒーやお酒を飲み、いつ
までもおしゃべりをした。冬の日には暖炉を囲み、多い時には一晩で 100
人以上の人が集まった。

　AIDS とセクシュアリティに関する活動をしていた学生と芸術家の 3 人
がはじめたせいもあって、学生やアーティスト、活動家や研究者、ゲイ男
性、レズビアン女性、トランスジェンダーの人たちらが訪れた。あるゲイ
男性が言ったことを、いまでも覚えている。性的少数者にはそれぞれのコ
ミュニティごとの場所しかなかったのに、ここは画期的だよ、と。

　Weekend Café は知り合いの知り合いしか来られないので、厳密な意味
で「パブリック」な場所ではない。だが、来る人がとても多いので「知り
合いばかりの閉じたコミュニティ」でもなかった。どれほど変わった人で

あっても、自分が知らない「友人の友人」である可能性がある。だから、ふらっと入ってくる人を拒み、相手を他人と決めつけることもなかった。そこには、来る人を「友人の友人」として見る態度がはぐくまれていたのである。

## どうにもならないことに対処するにはどうしたらいいかを考える

それから5年くらい後のこと。HIV感染症の画期的な治療薬が配布されはじめた直後のニューヨーク市ブルックリンでは、毎週水曜日にささやかなあつまりが開かれていた。小さな建物の一室で、HIVに感染した人たちが、それぞれの体験を共有することを通じて支えあう会。数人から、多いときで15人くらいの人たちによって行われる「自助グループ」である。

グループの主催者は、HIV陽性者を支援する小さなNPOだった。まちの中小企業といった感じのオフィスを率いていたのは、「1968年」を留学先のパリで過ごし、ミシェル・フーコーの講義を生で聞いていたというハイチ人の女性ディレクター。働いていたのは、黒人、白人、プエルトリコ人、アルゼンチン人といった人たちで、子育て中の人も、大学院に通っている人も、HIV陽性者も、薬物使用の経験者もいた。

この自助グループに来る人たちは、年齢も、職業も、性的指向も、出身地も、国籍もさまざまだった。「ウィルスは差別しない」(差別するのは人間である)。仕事をもとめてアメリカに移民してきた若いカリビアンや、ブルックリンに生まれ育ったヒスパニック二世など、バラバラな人生を歩んできた人たちが、HIVに感染していることを隠さずに話をした。しかし、HIV感染だけが、かれらがここに来た理由ではなかったと私は思う。

ある日の会で、自宅に強盗が入り、娘が殺されたことについて話した母親がいた。彼女は、ニューヨーク市でもっとも貧困率が高い地区に住んでいた。話を聞いた人たちは、自分の子供の安全をどう守るか、熱心に話しあった。自由を尊重すれば危険だし、安全を重視すれば過保護になる。それはブルックリンで子どもを育てる親にとって、文字通り命に関わる悩みだった。

この人生はどうにもならないことに満ちている。AIDSや殺人事件はそのひとつだ。そしてそれは本当に、自分だけの力ではどうにもならないことなのだ。「画期的な治療薬だと専門家は言うけれど、まだ出たばかりの薬だし、それを飲みつづければ生きていけるのかどうかは、実は誰にもわからない」というのが当時の本音だ。そしてたとえ自分とどれだけ違った変な人であっても、人はこのどうにもならない世界のなかで、それぞれの人生をかけてこの病気と一緒に生きている。その人が生きて目の前にいる。

　誰か偉い人がくれる情報ではない。「私はこうやって生きている」という生きた実例。それこそが希望だったのだ。

## 自分自身の社会における異邦人として生きる

　精神医学者の木村敏は、私たちの暮らしの根っこには「多数者正常の原則」とでもいうべきものがある、という。私たちの社会は「大多数の人にとって都合のよいような約束事にもとづいて」構成されている。その約束事にあてはまらないとき、人は異常とみなされる。[★01]

　けれども、異常とされることがいつも異常であるわけではないし、正常とされることも、長く広い目で見ればそうでないこともある。

　たとえば、南部アフリカに暮らす狩猟採集民、グイ・ブッシュマンは、砂の上に残されたわずかな痕跡から、それを残した動物の種類、性、年齢、行動を精確に読みとることができる。[★02] 私たちの社会では「センシティブすぎる性格」や「幻覚」とすら呼ばれるこうした感覚は、カラハリ砂漠で生きるためには不可欠なものだ。そして、危機や移行の時代においては、こうした感覚が小さな変化のはじまりを察知し、瞬間的な判断を可能にする「微分回路」として作動する。[★03]

　私たちはいま、大きな転換期にいる。気候変動による災害も、豊かな国の貧困も、ごく身近な場所ではじまる戦争も、すでに現実である。危機の時代には、強くて優秀で声の大きいリーダーが待望されるが、社会のあり方が岐路にあるように思える今こそ、「自分自身の社会における異邦人」[★04]として暮らすという生き方が、新たな意味を帯びると私は思う。

　時代に抗したい人。現代の社会には適合しにくい重要な能力や感覚を持

つ人。傷ついたがゆえに、この社会の歪みに気づく人。ふつうとされるふるまいになじまない人。「グローバル・スタンダード」という「あたりまえ」から一時的に離れて、考えようとする人。表面ではなく、目に見えない、からだの奥の方を整えようとしている人。そうした人たちの存在が、新たな光を帯びるのだ。

## 友人になる

　こうした時代においては、他者とのちがいの前で、どれだけ踏みとどまれるかが大事になる。みんな同じだとか、みんな人間だとかいう声は、真っ先に疑ってよい。

　意見がちがう、というだけではないし、好みが異なるだけでもない。明確にルール違反をしているわけではないが、ぼんやりとした（あるいははっきりとした）違和感。個性のちがいというレベルでなく、もうすこし深いところで、あるいはなにか別のもうすこし基本的なところで「ちがう」という感覚。こうした感覚をもつ自分を大事にし、他者にもそれを感じること。そのような感覚が生じるとき、そこに「変な人」がいる。

　この出会いにおいて求められるのは、見知らぬ他者を友人として歓待し、見知らぬ他者に友人として歓待されることである。そして、かれらと自分が、この同じ「どうにもならないこと」に満ちた星に生きていることを受け入れ、他者とともに悩み喜ぶことである。

　友人の友人とコーヒーを飲み、「異邦人」の冒険に耳を傾けよう。私とあなたはちがう。しかし友人になることはできるのだ。

★01｜木村敏『異常の構造』（講談社現代新書、1973）、24頁。
★02｜菅原和孝『ブッシュマンとして生きる』（中公新書、2004）、64頁。
★03｜中井久夫『新版 分裂病と人類』（東京大学出版会、2013）。
★04｜ジル・ドゥルーズ、フェリックス・ガタリ『千のプラトー（上）』（宇野邦一他訳、河出文庫、2010）、219頁。原文は「自分自身の言語において異邦人なのだ」であるが、ここでは解釈を拡張させている。

# パーティー

家成俊勝
［ドットアーキテクツ、京都芸術大学］

　私は仲間と一緒に設計事務所を運営しているが、設計だけでなく、現場で工具を持ってトントンカンカン、物や場所をつくったりする。そうやって事務所の皆で何かをつくり出す仕事を顔を突き合わせてやっている。コロナウイルスが感染拡大した当初、これはマズいということになり、私たちの事務所もリモートワークに切り替えた。最初の1、2回はモニター越しで話すのもどこか新鮮で楽しかったところもあるが、だんだん話す内容が事務的な報告にすぎなくなり、そういった報告を聞いて意見を言っていると、どこか、管理する、管理される感じになってしまう。同時にディスプレイの向こうにいる仲間たちの顔もみるみる元気がなくなっていき、リモート会議はすぐに自由参加になり、ついに「やーめた」となった。気分転換に家の前の公園で仕事をしようと思い、花壇の縁に腰掛けてコンピューターを開いて仕事をはじめて10分、頭の上を横切る電線にとまっている鳩の糞が私の頭の上に落ちてきた。落ちてきて分かったが、鳩の糞は思ったよりシャバシャバして水っぽい。画面上で話すことと、実際に頭に落ちてきた鳩の糞には大きな隔たりがあると理解したことがリモートワークを通じて得た貴重な経験である。そこで気づいたのは会社に通うにせよ、リモートワークをするにせよ、働き方がさまざまに選択できる時代が来ましたよと言う以前に、その仕事の内容が何なのかが大切だということ。私たちの多くが働いている仕事は、私たちが生きることに直結しているのかと疑問を持ち始めた。私は20代の頃さまざまなアルバイトをしていたが、中でも倉庫業は過酷だった。大手家電量販店に倉庫から商品を送り出す仕事。年末はプリンターを1000個くらいひたすらローラーコンベヤーの上に置く仕事で、それで賃金をもらって生活していた。プリンターを1000個、棚からローラーコンベヤーに移す、時給をもらう、そのお金で食料を買ったり、家賃を払ったり、旅行やレジャーといった余暇と交換したりし

ていく。プリンター1000個と私の暮らしのその遠さよ。

　その遠さの訳は、一つには間に貨幣が挟まっているためだと思い至った。貨幣は私たちをある意味で自由にしてくれる。500円で牛丼を食べる。金属の小さな丸くて平べったいものと牛丼に同じ価値があるわけで、だから牛丼をつくっている側と私の間にはなんの後腐れもない。綺麗さっぱり、牛丼を食べて500円がなくなる。もう少し考えていくと、その500円はプリンターを1000個動かすことと交換して手に入れたお金でもある。そのプリンターを買った人は、またどこかで稼いだお金と交換しているわけである。後腐れない交換の交換のそのまた交換の、という果てしない交換の連鎖によって生かされているわけだ。私たちが生きていくために必要な衣食住もその果てしない交換の運動に組み込まれていることになる。都市部と非都市部をつなぐ船、飛行機、鉄道、道路、パイプラインやそれに付随する施設がつくり出す供給網は地球をすっかりと覆ってしまっていて、遠くの何かと、そのまた遠くの何かと、そのまた遠くの何かを組み合わせて、目の前のものができているわけである。私が拠点にしている大阪市南西部の北加賀屋周辺も海際に大きな物流倉庫が立ち並んでいて、川に係留してある数隻の漁船に違和感を感じるほど海の存在は遥か向こうに感じる。この遠くて複雑な貨幣を介した仕組みによって私たちは間接性が支配する世界に投げ込まれていく。今、食べているお好み焼きの材料はどこで誰が育て、どのように自分の目の前にあるのかを正確に言い当てることができる人はどのくらいいるだろうか。同じように自分が住んでいるマンションは誰がどのように、どんな材料でつくっているか知っている人もわずかであり、非常に狭い専門職の人たちの知識や技術で閉じている。合わせて、次々とできる条例や法律は、すでにこんがらがったスパゲッティのようで、何がなんだかわからない。政治や経済、衣食住を含む私たちの暮らしに横たわる現行のシステムは、何かができるプロセスのほんの一部しか私たちに開かれていないことによって最初から「生きること」の大部分から除外されていると感じている。プロセスが開かれる時、そこにはさまざまな生きるための仕事が立ち上がってくる。近代以前の日本を少し考えてみたいと思う。そこでは自給自足がベースにあった。米づくりにおいては、土を

つくる、土手をつくる、苗を育てる、植える、収穫する、脱穀する、稲藁を編んで生活必需品をつくるなど様々な仕事が含まれており特別高度な専門知識や専門技術を必要としない。そして自分たちで育てたものを自分たちで食べる。あるいは小さな集落単位では結（ゆい）という制度があり、皆で茅葺の屋根を葺き替えたりする。それらの仕事は皆どこかには関わることができ、多くの身体や心を持つ人を包摂できる世界でもある。考現学を提唱した今和次郎さんは、物干し竿に干されている着物をスケッチして「着物によってどこの誰だとわかるんだ、といわれているが、このような着物の存在は、始めからそんな意図で企てられたものかどうかはそれはわからない。老人の着古し、子どもの着古し、誰かの着古しの破片的なきれが、肩からもすそからもなめまわしたように付着している。そしてついに、おのおのに個性的な存在が形成されてしまっている。それは山や山脈の個性が地形学の法則によって形成されているのと同様だといわれるまでに」と述べている（『考現学入門』ちくま文庫、1987、57頁）。それらの着物は商品がちょっとした差異や個性を売り物にして次々と新しい商品を買わせるのとは大きく違う。抜き差しならない必要性によって自らの手で、その辺にある材料を切り貼りするうちに現代の商品が持つチンケなデザインをはるかに凌駕する常に進行形の直接的なプロセスが立ち上がってくる。集落や自然、資源や材料を共有すると同時に世代を縦に繋ぐ感覚もあった。自分たちでつくることで、直接的に自分たちを生かしていた。

　パーティーとは「①党。政党。②組。一行。特に、登山隊。③社交のための集まり。宴会。」（『広辞苑 第七版』岩波書店）といった意味があるが、私たちは、集いつつ、少しずつその直接性を生きるための方法を現在に生み出さねばならない。ここではパーティーを、「直接性を取り戻す機会」として捉えていきたい。
　歴史を振り返れば小さな単位の直接的な出会いや仕事の場は、ある時にはまとまりもするが、またある時には資源やその他の様々な事情により、争い事も絶えなかった。協力関係は時に、一瞬で八つ墓村状態になるという地縁や血縁の窮屈さもあった。どこにいても重さや痛さ、面倒臭いこと

や切っても切れない関係がある。それもみなひっくるめて清と濁を飲み込むその直接的な出会いの場がパーティーである。

　最後にどうでもいい話だが、私たちの事務所にかつて菊池くんという人がいた。菊池くんは木工の仕事をしている際、作業手順と作業場所が繋がっておらず、作業毎に立ったりしゃがんだりを繰り返していた。事務所のメンバーが、効率良く動くためには、まず作業場を作業手順に沿って上手く整えて膝をできるだけ曲げずにスムーズに次の動作に移れるよう作業すると楽だよと助言した。膝を曲げずにという助言を受けた菊池くんは作業場を整えることはせず、忠実にフィジカルに膝をできるだけ曲げずにギクシャクしたロボットのように作業しており、仕事の効率はより下がっていった。今でもそれを思い出して皆で笑ってしまう。そんなことが起きるのが現場でありパーティーである。それでいいじゃないか。

# 他者と対話する

西村高宏

［臨床哲学、福井大学］

　無批判に人の意見や気の利いた言葉遣いに乗っかるのではなく、他者との対話をとおしてそれぞれの考え方の違いを丁寧に選り分け、あらためてそこから際立ってくる自身の価値観や思考の具合をメンテナンスしていく。さまざまの割り切れない思いや苦しみを当面のあいだやり過ごすために、ときに多くの者が支持する価値観（「絆」や「思いやり」、さらには「団結」など）や問題意識へと収束しがちな震災という非日常的な状況のなかにあっては、とくに自分自身の価値観や思考の強度が試されるがゆえに、それらを遡行的に問い直す哲学的な対話の場が欠かせない。

　そういった背景から、東日本大震災発災後の 2011 年 6 月より、せんだいメディアテークと連携し、被災地内外で生じている震災に関連した個々の問題点を当事者の違和感をもとにこまやかに探り出し、それらについて根本的に吟味する哲学対話の場（考えるテーブル「てつがくカフェ」）を拓いてきた。この試みはいまもなお継続されており、これまでに数え切れないほどの被災者の声や言い淀みに触れてきた。そこでは、被災地内外の区別を可能な限り棚上げにし、当事者／非当事者間の隔たりそれ自体も問いの俎上に載せながら、それぞれの関心から集まった参加者一人ひとりが、震災という〈出来事〉を自分自身の言葉で捉え、他者との対話をとおして、考える。たとえば、震災直後に開催した第 1 回目の「てつがくカフェ」（2011 年 6 月開催）では、津波で自宅家屋や自身が経営する工場が流された沿岸地域の被災者や家族を喪った方々にくわえて、沿岸地域ほどには直接的な被害を受けることがなかったがゆえに、逆に自身を震災の被害者（当事者）と位置付けることにある種の違和感や負い目を抱き続けてきた内陸部の住民たち、さらには、海外も含め、被災地外から瓦礫撤去や医療行為などの具体的支援で訪れている者などすべての者が一堂に会し、互いの立ち位置を越えて共通のテーマについてともに考え、対話をとおしてそれぞれの思いや言葉

を交わらせてきた。

　もともと対話という言葉はギリシャ語の「ディアロゴス」に由来する。「ディア」とは「〜をとおして」とか「分かちもつ」という意味であり、「ロゴス」とは「集める」という意味のギリシャ語の動詞「レゲイン」から派生した名詞で、「比率」や「法則」、「言葉」、「論理」などを意味する。そして、「ディアロゴス」とはそれらふたつの言葉からなる合成語で、文字通りに訳せば「ロゴス（理）を分かちもつ」営みということになる。

　私たちの生活の多くの場面において、この対話という営みは重要な役目を担っている。しかしながらその一方で、対話は、思いのほか難儀な営みでもある。というのも、そもそも対話は「お互いの細かい事情や来歴を知った者どうしのさらなる合意形成」を目指す会話とは決定的に異なり、むしろなんら共通の足場をもたない者どうしのあいだで、それぞれに異なった価値観をすり合わせるなかでいっそう際立ってきた〈差異〉を頼りに開始される困難なコミュニケーションに他ならないからである。[01]「対話は、他人とおなじ考え、おなじ気持ちになるために試みられるのではない。語りあえば語りあうほど他人とじぶんとの違いがより微細にわかるようになること、それが対話だ。「わかりあえない」「伝わらない」という戸惑いや痛みから出発すること、それは、不可解なものに身を開くことである」[02]。

　そう考えると、対話がロゴスを分かちもつ営みだとされる真意がみえてくる。対話は、複数の異なった経験やそこから導き出される個々人のロゴス（理）をしっかりと交わらせ、互いの差異を丁寧に際立たせると同時に、他者の考えを自身のロゴス（理）の矛盾点や曖昧さを修正するためのひとつの〈鏡〉として対峙させながら、最終的にそれぞれの対立する意見をともに納得させるロゴスを新たに浮上させようとする試みそれ自体のことを指す。だからこそ対話は、一方的に自分の価値観を主張し、その価値観と論理によって相手が説得され、強引な合一化が果たされることを最終的な目的とするディベート（討論）とは決定的に異なる。それは、個々人の異なった思考を均し、またそれらを強引に統べることもなく、そもそもの最初から

「各個人が抱く意見の「小さな差異」を確認しながらゆっくりと忍耐強く進む」。裏を返して言えば、ディベートなどの「党派的な討論が虚しいのは、各個人がもつ微妙な襞を削りとってしまうからだ。個人が個人の実感にもとづいて発するかけがえのない言葉を、意見Aないし意見Bというふうに暴力的に分類し平均化してしまうからだ。賛成か反対かという結論のみに力点をおいて、各個人がそこに至る独特の過程を大切にしないからだ」[03]。

　さらに対話は、打楽器(percussion)や脳震盪(concussion)とその語源を同じくしていることからも窺えるように、他者を叩き、打ち負かそうとするディスカッション(discussion)とも大きく異なる[04]。むしろ「対話は、自分の価値観と、相手の価値観をすり合わせることによって、新しい第三の価値観とでもいうべきものを作り上げることを目標としている。だから、対話においては、自分の価値観が変わっていくことを潔しとし、さらにはその変化に喜びさえも見いださせなければならない」[05]。対話には勝者も敗者もない。そこにはただ、互いのロゴスをすり合わせていくなかで、他者と自分の考えの違いを丁寧に分け、個々人が最終的にそれぞれの価値観の変容や自己変革を経験した際に感じられる「対話の功績」だけがある。

　他者と対話することが価値観の変容や自己変革を呼び込むものであるのなら、対話という営みには、その最初から自分自身の存在をも危うくするような恐ろしさが潜んでいると言える。そう考えると、対話には、あえて自身の存在を危険に晒すことをも厭わない覚悟のようなものさえ必要とされる。そこでは、傷つくことも厭わず、他者の経験に自分自身を挿入してゆこうとする強い気概が求められている。他者の言葉や経験に触れることをとおして、「じぶんがじぶんに対してよそよそしいものへと転化」[06]してしまうことへの覚悟。他者との対話をとおしてそれぞれの経験を聴くという営みは、まさにそういった自己を手放し、他者へと自分自身を譲り渡してしまうようなある種の覚悟をその営みの最初から強く求めるものなのである。

　「対話をすればするほどこれまでの自分自身の在り方がぐらついていく

ようでそわそわする」。被災地をはじめさまざまな場所で哲学対話をしていると、ときに対話の参加者からこのような感想を聞かされることがある。おそらくそういった感覚の背後にも、他者との対話をとおして事前に各々がもっていた意見や価値観、さらには規範さえをも揺さぶり、最終的にそこに新たな考え方を迎え入れるための素地を切り拓こうとする対話の本来的機能が息衝いている。

　自己を手放し、他者へと自分自身を譲り渡す。対話は、なかなかしんどい営みである。わたしも、震災以降、せんだいメディアテークを拠点に被災者とともに築き上げてきた「てつがくカフェ」という対話の場において幾度となくこのしんどさを味わってきた。いま思えば、それは哀しみや諦め、そして行き場のない怒りに苛まれた被災者の夥しい言葉の群に触れることにではなく、震災以降を生きる人々の〈被災〉の経験や言葉を自身のなかに迎え入れることで、むしろこれまで纏め上げてきた自分自身のあり方そのものにも大きな変容を強いられることになる、そういった〈わたし〉という存在のざわつきに対してのものだったに違いない。

★01｜平田オリザ『対話のレッスン』(講談社学術文庫、2015)、168-169 頁。
★02｜鷲田清一『哲学の使い方』(岩波新書、2014)、200 頁。
★03｜中島義道『〈対話〉のない社会』(PHP 新書、1997)、129 頁。
★04｜デヴィッド・ボーム『ダイアローグ　対立から共生へ、議論から対話へ』(金井真弓訳、英治出版、2007)、45-46 頁。
★05｜平田オリザ、前掲書、170 頁。
★06｜鷲田清一『「聴く」ことの力』(TBS ブリタニカ、1999)、137 頁。

# 伴走する

清水チナツ
［インディペンデント・キュレーター、PUMPQUAKES］

　2011年3月11日、地面が大きく揺れ、東北沿岸に大津波が押し寄せた。一度に多くの命が奪われ、風景が壊された東北の地は、深い悲しみのなかにあった。さらに、災害はこれまで隠されてきたさまざまな政治や社会の問題を剥き出しにした。わたしがせんだいメディアテークで学芸員として働きはじめたのは、ちょうどそんな時だった。みなが、怒りながら泣いているような、そんな表情をしていた。

　つまり、あの大きな出来事のあと、たった一人で歩むことなんて誰にできただろう？　誰かが誰かに伴走することはむしろ自然の成り行きだった。

　「伴走する」——辞書をあたると、マラソンや自転車のロードレースなどで、競技者のそばについて走ることの意。その道のりが長く過酷であるときほど、必要とされるものでもあるようだ。

　あの大震災のあと、失われたものに胸を痛めながらもこれまでを見直し「ほんとうに大事なものはなにか？」を、みなが切実に問うていた。「戻るべき日常とは、はたしてどんな日常か？」心はそれぞれに引き裂かれながら、模索の日々は続いていた。

　わたしには苦い経験がある。震災から約2か月後に開設した「3がつ11にちをわすれないためにセンター」で、参加者の受け入れ担当をすることになり、毎日たくさんの人に会った。涙を流しながら、いまは失われた街について語り続ける人、子育てをしながら原発事故の恐怖に怯える人、先の見えなさに虚ろな目をしている人……実にさまざまだった。その一人ひとりの話を聞き、アパートに帰ってから、聞いた地名を地図で調べた。語られた言葉の重みを反芻し、語られなかったことの意味を想像したりもした。やがて夜の時間は膨らみつづけ、眠れなくなり、ついには倒れてしま

った。そのとき、医者が笑ってこう言った。「そんなに急ごしらえで人に寄り添うなんて無理って身体が言っているよ。少しずつ、時間をかけて」。

以来、わたしは「時間をかけること」を大事に考えるようになった。また、メディアテークの協働者からさまざまな伴走のフォームを見せてもらったこともありがたいことだった。

たとえば、遡行的な問いを投げかけ、対話を通じて自分自身の考えを逞しくすることを試みる「てつがくカフェ」では、ファシリテーターが対話の場の伴走者とも言える。ファシリテーターはみなが落ち着いて他者の声を聞き合えるよう、対話の交通整理をし、ともにさらなる「問い」を見つけるという粘り強い伴走を続けていた。

あるいは、小野和子さんを中心としたみやぎ民話の会が半世紀にわたり続けてきた民話採訪の活動からは、「聞く」という伴走を見せてもらった。語り手の言葉に相槌をうちながら、全身でその言葉を受け止め、「ほんとう」のお話の世界に入っていく。そこには、受け身だけではたどり着けない、関係性の深まりを見せてもらった。

写真家の畠山直哉さんは、物言わぬ風景への伴走を示してくれた。「風景とはただそこにあるのではなく、人の表現に応じてその都度、生まれてくる。そこには、未来の風景への気配さえあるのだ」と語り、被災地と一括される土地に、何度も呼びかけるように対峙し、撮影を続けた。

ここまで「伴走」について縷々、述べてきたが、個々の活動はそれぞれのルートを進み、そのペースやフォームもさまざまだった。しかし、同じ方角を眼差していたと思う。あのとき、誰もが誰かの伴走者で、その連なりは「明日」つまりは「生」のほうを向いていた、とわたしは思う。つまり、「伴走する」こととは、あの大きな出来事が決して災厄としてのみの破局を迎えないための不断の努力だった。

しかし、ときにその歩みは慎重になる。不快の芽をあらかじめ摘むことでコースを整備し、倫理観がそのフォームを規定する。行き過ぎた「伴

走」は、主体者を飲み込み、思考停止をきたす。震災から十余年。「悲劇を二度と繰り返さない」という強い意思は、性急な復興工事に伴走されることで、高くそびえる防潮堤に姿を変え、陸と海とを隔ててしまったようにも見える。あるいは、これまでの価値観や倫理観に変更を迫られるほどの災厄の経験は、私たちの言動に慎重さを求め、一人ひとりを、ひいては社会を閉塞させてはいないだろうか。あの大きな出来事を経験した私たちが望んだのは、はたしてこんな「明日」だっただろうか?

メディアテークを退職した後、2020年から一年半、メキシコ南部のオアハカという街で暮らす機会を得た。オアハカに到着して間もなく、COVID-19によるパンデミックの波はこの街にも等しく押し寄せた。しかし、人々のあいだに不思議と余裕が感じられた。この空気はどのように醸成されたのだろう。

作家レベッカ・ソルニットは著書『災害ユートピア★01』のなかで、災害ユートピアが継続して残った例として、1985年に大地震を経験したメキシコのその後の変遷をとりあげている。

1985年のメキシコシティの大地震では、市民は互いを、自分たちの強さを、そしてあらゆる場所で幅をきかせて全能に見えていた政府がなくても別に困らないことを発見し、しかもそれを手放さなかった。それは国を作り変えた。社会参加や結束の固いコミュニティといったユートピアは災害後も長く続き、しかもアメリカ大陸のどこよりもその存在は堅固だった。災害ユートピア自体は、わたしたちに可能性を模索させる理想主義的、またははかないモデル以上になることはめったにない。ところが、メキシコ人はいったんユートピアを味わうと、それを日常生活の大きな部分にするために積極的な行動に出た(同書、182頁)。

彼らが、先の災厄をひとつの大きな転換点として、たちあがったユートピアを今日まで手放さずにきたことは、このパンデミック禍でより鮮やかに実感された。しかしユートピアの永続には、努力を要する。彼らは災害

ユートピアをその後の日常に接続させて、暮らしのなかでの闘いを続けてきたのだ。滞在中、地震や竜巻も起きたし、労働者のストライキで主要な道路はたびたび封鎖され、断水や停電も常だった。しかし、それらに苛立ち一方的に不満を浴びせる人はいなかった。些細なことなら自分たちで修復、起動できる技術をみなが持っているし、「自分にだって同じことは起こり得る」と連帯の言葉を口にし脇に控えていたりもした。不安定な状況のなかにあっても、精神的には健全な状態にあり、居心地の良さがあった。彼らは、社会の変化に時間がかかることは百も承知で、息長く、ときには楽しみながら活動する方法を、実践のなかから編み出していた。

　ある日、親しくなったオアハカのアーティストが、日本語の練習をしているのが聞こえてきた。
　「いま、なにしてる？（¿Qué estás haciendo ahora?）」
　「なんにもしてない（No estoy haciendo nada.）」
　その返答に最初は笑ってしまったが、彼らが「なんにもしてない」と発するとき、暇とか怠惰とはニュアンスが異なることを、わたしは次第に理解していった。「なんにもしてない」には、「応じられるよ」という意味が含まれる。自分のことだけで忙しくしている人は、ここにはほとんどいなかった。それぞれが何かに応じられる余白を持っている。その余白とは利他的に働く〈時間〉であり、他者にも開かれた〈空間〉であり、その場に提供できる〈技術〉でもあった。

　伴走することとは、なにも大げさなことだけではなかった。食事をともにし、お茶を飲む。ちょっとした会話のなかで、日々の喜びや悲しみが共有され、困りごとは解決の糸口が見えてくる。彼らのように、この世界のなにが美しいかを言葉にし、互いを労うことを忘れたくない。そして、互いの生を伴走こそし合うが、代走はさせない。

★01｜レベッカ・ソルニット『災害ユートピア──なぜそのとき特別な共同体が立ち上がるのか』（高月園子訳、亜紀書房、2010）。

# プロジェクトが生まれる

## 命を吹き込む人

志賀理江子
［写真家、PUMPQUAKES］

　2011年、私には素晴らしい出会いがあった。震災後、メディアテークで合計10回の連続レクチャーを行うことになり、その準備で頻繁に出入りをしていた頃、バックヤードで「こんにちは」と笑顔で話しかけてきてくれた人がいた。彼女とその場で少し立ち話をしたが、その人はつい先週メディアテークに、しかも、この震災直後のタイミングでやってきたという。何回か会う度に、私はすぐに彼女と親しくなった。今、お互いがどんなことを考えているのか、生まれ育った環境や、自分の身に起こった様々な経験から、沢山話したからだった。

　メディアテークでの連続レクチャーは、宮城県名取市に位置していた「北釜」と呼ばれる、約100世帯からなる海沿いの小さな集落に、私が2008年に移住してからの生活と集落での役割、作品の制作、そして東日本大震災を経て数か月の時点での経験を10回に分けて話すものだった。それは、震災後の、極めて不安定な心身の私にとっては、その現実を捉え直す非常に大事な作業だった。ただ辛かった悲しかった、でも希望もあった、というような瞬間的な発話ではなく、私個人の経験を、どこまで己に「正直」に人前で話せるかどうかが毎回試されて、その正直さの中には、世間の常識とは違いすぎて語りづらいこともあって、でもそういうことこそが、いかに自分にとって重要なことなのかを伝えなければ、その発話は上滑りして全く伝わらないものになってしまうのも怖くて、内心かなり緊張しながら話した。

　しかしその心配を超えて、結果的にはその正直さこそが、レクチャーを聞いてくれる人とのつながりをもたらしたと思う。常に明確に自分の心の内が言葉にできるわけじゃないけれど、公共の場で、個人の底を掘り下げ

て話すことは、実は公共性ととても親和性があるということかもしれないと思うようになった。「正直さ」とは、個人的なことを何でもかんでも話せばいいってことではなくて、それは個人的な経験から紡がれた切実な物語なのかもしれない。

　洗いざらい自分の経験を伝えるのは難しい。けれど、レクチャーの場で語り、終了後バックヤードに戻って、メディアテークで親しくなった彼女とも再び話す、そしてまた考える、そんな繰り返しが、当時の私にとっては実に大事な時間になった。私は彼女が話してくれた、彼女の故郷での実にユニークな数々の経験を物語のようにして何回も聞き、それに呼応するように私も、自分が経験したことを言葉にしながら呼応して、いつしかそれは私の中に独自の語りとして存在するようになった。

　それは、どこか私が写真の行為に求めたものと似ていたのかもしれないなと今思う。

　写真メディアをなぜ自分の表現方法として使ってきたのか、それは、写された現実が、そのイメージの中では、あまりにフラットで平等に写ることが強烈だったからだ。どんなことも写真に写されてしまえば、それは、残酷なまでにその物事の意味すら変化し伝わることもあるからこそ、当初の私には世の中が反転したような錯覚から快感すらを感じ、盲目的にその写真の行為にハマっていったのだった。それを、写真の暴力性とも、恐るべきメディア性のある一面ともいえると思うけど、その感覚は同時に、撮影を重ねる度にブーメランのように舞い戻ってきて私に衝突し、現実の意味を生きざるをえないこの体を、逆に強烈に意識させた。

　だから、私にとって写真を撮り、見ることは、現実を独自に捉え、その見方と思考に余白のような場所を与え、そのドアを開くような公的な行為である。発話の始まりのようなこと。自分が触れている世界と物事を深く感じること、そして願わくば、その感覚によって思考を駆動させ、体の中

から力を生み出すようなこと、これが多分、私が望み、夢見るようなことだ。

　けれど、私たちの想像を超える恐怖や衝撃への感度の振れによって心が壊れ、身を滅ぼしてしまうこともある。私は、そのようにして、震災後、その感受性の壊れによってこの世を去った何人かを忘れることはできない。彼らの中に、その恐ろしい妄想が膨らまないように、個人の奥から外へ向けて、公へ向けて、その内側に起きている葛藤を話すことができたらどれだけ違ったのだろう。私はその点、極めて幸運だっただけなのかもしれない。

　だから、感受性のバランスが、本当に難しいなあと思う。しかし、それでも極限まで物事を感受しきった人の、最後の吐息のように実直に表現された言葉や行為に触れた時、私もその世界に全身全霊で応答したいと突き動かされるような、生々しい生の実感が内側から沸き起こってくることもまた、事実なのだ。震災時に叫ばれた「アートに何ができるか」という問いを、存分な違和感と共に、私は12年たった今でもひきずっているが、それに応答するのは、私性が公に息づき、個人を力点にしながらも開かれるようなことを言っているのではないだろうか。

　素晴らしいシステムも、場も建物も、誰かによって、そこに命が吹き込まれることによって、何事かが起こる。あ、ここはいい、ユニークな場所だと、雰囲気でも瞬時に感じれる場所は、必ず個人の力が作用して、機能している。

　メディアテークで体験した、あのユニークな場の立ち現れ、今はそれを懐かしく思う。

# 地方のアクチュアリティ

## このあたりの眺め

畠山直哉
［写真家］

　新幹線で都会からやって来た人をクルマに乗せて、北上山地を越え気仙の山道を下っていると、散在する人家を眺めながらかれらは決まって僕にこう尋ねる。「このあたりの人は、何をやって暮らしているのですか？」

　何をやっているかと聞かれても、どう答えたらいいのかよく分からない。適当に「林業」とか「農業」とか答えれば相手は納得するのかもしれないが、それでは不正確になってしまう。じっさいこのあたりに住む僕の知り合いの一人は小学校の教員だ。その親は畑仕事もする年金生活者。別のもう一人の知り合いは建設現場で働いている。

　地方にはたとえば、広い穀倉地帯や大規模な農業ハウス、鶏舎の立ち並ぶ丘や放牧地、船がたくさん係留された漁港、大きな工場や発電所、それからもちろん観光地や温泉街などといった「何をやって暮らしているのか」が一目瞭然のように感じられるところがあちこちにあるが、あいにくこのあたりの眺めは、そういった分かりやすさに乏しい。そのことが都会からやって来た人を心細くさせるのだろう。でも僕が知っている人々の多くはこのような、いわば分かりにくい眺めの中で暮らしている。地元に暮らす中学の同級生たちもそうだ。多くは勤め人で、農業や漁業を仕事にしている者はいない。

　漁港にしろ牧場にしろ、都会からやって来た人をひとまず安心させるような分かりやすい眺めには、共通点があると思える。それは一般に信じられているような「豊かな自然」などではなくて、むしろ人間の活動が活発であるかどうかの方ではないか。都会ではないところでも人はこうやって暮らしており、そこでも都会と同じように、活発に生を営んでいるということがクッキリと見えるような、そんな眺めのことを「地方」と呼びたいのだと、都会人に限らず誰でもが、ひょっとして当の地方に暮らす人々で

すら、心のどこかで思っているのではないか。震災後の東北復興のための
キャンペーンにあしらわれた数々の文言や図像が目指していたのも、その
ような「活発な生の眺め」であって、それ以外ではなかっただろう。

　じつは「このあたり」とは、先の津波で亡くなった僕の母が生まれ育っ
た地区にあたる。母は一ノ関から陸前高田まで続くこの今泉街道の山の中、
小黒山と呼ばれる小さな集落で昭和2年(1927年)に生まれ、幼い頃に兵隊
だった父親が亡くなったため、少し川下の二又という学校や郵便局もある
ような村で親戚に育てられ、やがてそれより川下にある下矢作の、小さな
旅籠兼商店に後家として嫁いでいた母親の下で働くようになり、戦後の
1953年に、海に近い気仙町の今泉に住んでいた僕の父の元に嫁いできた。
山の湧き水が矢作川から気仙川へと入り、広田湾へと注ぐようにして。
　もし「このあたりの人は、何をやって暮らしているのですか?」という
質問が、母が子供の頃になされていたものだったとしたら、たぶん「この
あたりではみんな、自給自足に近い暮らしをしているんですよ」というこ
たえが返ってきたことだろう。人々が総出で農作業をし、木の実や山菜を
集め、広葉樹を育て炭を焼き、タバコ葉を栽培し蚕を飼い、誰でもが子守
をし、季節の行事やしきたりを守り、いたずらに移動せず、生まれた集団
の内部で人生のほとんどの時間を送っていた頃の話だ。尋常高等小学校の
遠足の時に、生まれて初めて海を見て驚いていた幼なじみの話を、母はよ
くしていた。町内運動会の時には、山奥の分校から参加した生徒の中に、
髪や眉が白く顔の赤い子供が混ざっていたとも言っていた。彼女が子供の
頃まで、人々がどれほど動かずに、まるで植物のようにして集団を営んで
いたのかがよく分かる話だと思う。当時の今泉街道の様子が残る箇所に行
ってみれば、その「街道」と呼ばれる土の道が、馬の牽く荷車の幅しかな
いことに驚く。

　いつもは東京都豊島区に暮らしている自分が言うのもアレだが、都会と
はそもそも、仕事や勉学のために、立身出世のために、あるいはなんとか
口に糊するために、時には伴侶を見つけるためにと、そんな「何かをや

る」という意志を持った人たちが地方から移動してきて、大集団を形成するに至った場所のことではなかったろうか。独身者ばかりが暮らしていたといわれる江戸の頃から、戦後の「金の卵」の時代はおろか、日本の人口減少が問題視される現在ですら、首都東京は膨張し続けている。その磁力の正体を言い当てることは簡単ではなかろうが、江戸にしろ東京にしろ都会とは、いわば野心を抱く活発な生き物が、方々から集まってきて築き上げた巨大なコロニーであることは確かであって、そこには当然「活発な生の眺め」が常態としてあるはずだ。問題はその「活発な生の眺め」が、経済優先のいまでは「産業の眺め」に一元化されてしまっていることなのかもしれない。

　かつて「現代美術は都市美術である」と断言したのは、美術評論家の東野芳明(1930-2005)だった。学生だった僕はその意見を「正しい」と思った。都会とは人口、つまり「人の口」の大コロニーのことなのだから、そこではなにより食べることとしゃべることが活発に展開されるだろう。一部の「口」は、新奇なおしゃべりを面白がったり真剣に受けとめたりして価値あるものに洗練させ、洗練されたものには力が宿り、その力は別の「口」を周囲に呼び寄せ、新しいおしゃべりのうねりが生じ、そうやって独特の文化や流行や「現代美術」が誕生する。「人の口」の密集した都会では、そんな機会が訪れやすいだろう。

　もちろん「口」を養うためには産業が必要だ。しかし現代美術、いやそもそも芸術とは、ほんらい産業や経済から除外されている点が、その大きな特徴とされていたのではなかったろうか。「芸術はカネではない」と、いまでもよく言うではないか。この芸術という、表現の衝動や情念や思考や歴史や美や新奇性と共にある独特な意思疎通の愉しみを生んだのは、確かに「おしゃべりをする口」の方であって「食べる口」の方ではない。産業に富む都会が多くの「口」を養ったことは確かだとしても……。

　こんな妄想が僕の頭に浮かんだのは、いま自分がクルマを走らせているこのあたりの眺めのせいだ。想像してみてほしい。二つの世界大戦の間、

チューリッヒやパリで、知識人たちの活発なおしゃべりの中からダダイズムやシュルレアリズムが生まれ、差別主義的なナチズムの台頭により多くの芸術家がヨーロッパからアメリカに渡ろうとしていたちょうどその頃、「このあたり」では一人の少女が家の外に立って、体を揺すりながら背中の赤ん坊をあやしていたということを。

　母の面影をこのあたりの眺めの中に探しながら、滑らかな舗装路の上をこうやってクルマで走り、助手席の知り合いと会話し、前衛芸術のことを僕に教えてくれた先生のことを思い浮かべ、実家の跡地で次に撮影する写真のことを考えているなんて、まるで自分が夢の中にいるようだ。安らかな夢ではなく、泣きたくなるような夢の。

　窓の外には田畑や山林が拡がり、歴史を感じさせる人家が散在している。その眺めは母が子供だった頃からあまり変わっていないはずだ。少なくとも僕が子供だった頃からは（廃屋は増えたが）変わっていない。だが僕たちの世界は、その頃とはまったく異なるものになった。このあたりも自給自足ではなくなり、皆が遠くの職場やスーパーや病院まで、小さいクルマを飛ばして熱心に通っている。スマホも普及した。散在する人家の中では、ひょっとしたらリモートワークをしている人だっているかもしれない。海を見たことのない子供など、もういなくなってしまったことだろう。いまや都会であれ地方であれ、ものごと全てが情報と技術とカネを媒介にして回っているという点では、あまり変わるところがない。欲望や快をめぐる人々のおしゃべりの内容にも、もう地域差などはあまり存在しないはずだ。

　芸術作品とは「活発な生」に咲く花のようなものだ。その花を前にすると、心の中で何かが凝固し、その瞬間に僕たちの生がいっそう充実する。このあたりにも、そんな花が咲いていなかっただろうか。都会の人が思い描くような、分かりやすく派手な花に似ている必要はない。「これが花なのか」とかれらが勝手に驚くような、そんな花が咲いていなかっただろうか。

# 定点観測

## 境界に立つひと

小岩勉
［写真家］

　電話に出たのは若い女性の声だった。予想外の声に少し戸惑いながら、
「英子さんはいらっしゃいますか」と尋ねて返ってきたのは、
「伯母は亡くなりました」という言葉だった。

　寺崎英子さんには4度、会っている。初めは1988年頃。市民運動の交
流誌の編集者に、宮城県北にある細倉鉱山の写真を撮っている人がいるか
ら会ってみないかと誘われたのだった。かつてない好景気の中、日本有数
の鉱山が閉山するニュースは、ローカルメディアで何度も伝えられていた。
　4月になったというのに雪の降る、寒い日だった。細倉の中心にある高
いボタ山のすぐ下、鉱山への引き込み線と並行して流れる川に沿うように、
英子さんの家はあった。
　旧満州で生まれ、家族と細倉へ移住してからカリエスを患い、小学校へ
の通学を断念。弟から勉強を教わり、当時営んでいた商店の経理などをし
てきたという。この時英子さんは45歳前後。実年齢より上に見えたのは、
地味な服装のせいだったか。それでも声には張りがあって高く、聞きたい
ことはストレートに聞いてくる。そして、カリエスによる障害があること
での我慢や苦労も容易に想像できるのに、意外なほど明るい人。そんな印
象だった。
　雪の中、細倉の町を一緒に歩いた。ボタ山の東側に劇場、裏手に病院が
あって、その先には炭鉱の町と同様、社宅の木造長屋が山の上まで続いて
いる。大きな共同浴場もあった。空き家になった長屋の、開いたままの玄
関から中に入ると、小さな台所や押し入れに生活用具が散乱し、人の暮ら
しの痕跡が残っていた。数枚写真を撮って、外に出てみると、猫に囲まれ
て英子さんが立っている。転居先に連れていくことができず、置いて行か
れた猫たちだった。2時間ほど歩いただろうか。通りがかった町の人との

< 084 >

会話を聞いていると、写真を撮る人と認知されているのがわかった。

　初めて会ってから15年以上が経とうとしていた。かかってきた電話の声は確かに英子さんだった。撮影したネガをテレビに映してみることはできないものかという相談で、すぐにネガフィルムを反転してテレビで見る機材を持って、細倉に向かった。

　細倉の町は大きく変貌し、坑道の一部は観光坑道になっていた。英子さんの家も、道路の拡張で移転になったという。道に迷わないよう駅のホームでひとり待っていてくれた。

　撮影した写真はネガのまま、ほとんどプリントされていなかった。閉山当時、いくつかのメディアに掲載されたことはあったが、それ以外は撮影した写真を自分でも見ていなかったのだ。経済的な理由はあったと思う。また、想像でしかないが、写真に没頭することに周囲の全てが好意的だったとも思えない。発表しないまま写真を撮り続けるということは、常にそれらのことが付きまとう。閉山後、どれだけの期間、そしてどれだけの量の写真を撮っていたのか。詳しいことは聞けないまま、別れた。

　岐阜県のダム建設で沈んだ村を撮影した、増山たづ子という女性がいた。ダムと鉱山の違いはあるものの、英子さんとの共通点は多くあった。

　その増山たづ子の展覧会を仙台で開くことになり、私も実行委に加わることになった。そんな中で、英子さんがどうしているか気になり始めた。最後に会ってから10年が過ぎていた。

　記憶を頼りに郵便局の裏の細い坂を降り、小さい橋を渡る。低い山の手前のススキ野に面した角地の家に、英子さんはひとりで暮らしていた。ご両親は移転後に他界している。以前は背中まで伸ばしていた髪を短く切り、少しふっくらとして見えた。もう何年も写真は撮っていないと言う。

　居間には、大きな缶や菓子箱が置いてあった。同行した増山たづ子展の実行委の人たちと一緒に缶を開けると、中には大量のネガが入っていて、菓子箱には何冊かのノートや、撮影時に書いていたメモ書きもあった。

　「これで寺崎英子という名前が入った写真集をつくって」と言った。

英子さんは真顔だった。

「印税はいらないから」と、少し笑っていた。

他の菓子箱に入った手紙や葉書、新聞の切り抜きなど、用意されていた全てを車に積み、おそらく時間はかなりかかるということを伝えて細倉を後にした。まだ見たこともない写真で写真集をつくる。費用は、そして何より、ネガを託すのは私でよかったのか。重い宿題を背負ったなと思った。

まずは写真を見られるようにすることから始めなければならない。そのためには、ネガのデジタル化は必須だった。人手も機材も足りない。

震災や芸術に関連する、採択されそうな助成金を探し、申請をしてみた。芸術という括りにできるかは不明だが、写真という部門を受け入れてくれそうな助成は限られていた。その間、英子さんからは何度も電話があった。進捗を聞かれ、助成の結果が出るまで時間がかかると伝えるのだが、気がかりなのだろう、またすぐに電話がかかってくるのだった。

ネガを預かって4か月後、助成は不採択になった。電話で伝えると、明らかに落胆していた。他の方法を考えるのでと話したが、電話はかかってこなくなった。

それから間もなく、ネガのデジタル化に必要な機材や場所などを、せんだいメディアテークに協力してもらえることになった。そして、作業の着手を伝えようとしてかけた電話から返ってきたのは、

「伯母は亡くなりました」だった。

英子さんが亡くなるということは、考えてもみなかった。間に合わなかった申し訳なさでいっぱいだった。せめて着手したことだけでも伝えることができていたらと、何度も思った。

ネガは撮影順に番号がふられ、撮影ノートと正確に合致していた。おそらくこれは、撮影中から撮影をやめた後まで相当な時間を費やしたものではないか。写真集の出版は思いつきではなく、もっと前から意識してきたのだと思う。寺崎英子写真集刊行委員会を、まずはひとりで立ち上げた。

デジタル化を進める中で、徐々にその全貌がわかってきた。細倉の町、

長屋に暮らす人々や、弟夫婦と子どもたちの日々。労働組合の解散式や、去る人を惜しむ引越し。そして、犬や猫。鉱山の主だった人々が町を去るまでの数年間、丹念に撮影された写真が現れてきた。

　写真を見るということは、写っているものに対して目を向けることだが、同時に関係性を含めてその反対側に立つ撮影者に想像を馳せることでもある。そして、その段階を経た写真は撮影者の目線がいつの間にか鑑賞者側の目線に置き換わる。自分がその場に立ち、対象と向き合っているように思えてくるのだ。

　作業の途中から、新聞記事を見て参加したふたりを加え、刊行委員会は3名になった。私たちは英子さんの写真に夢中だった。あたかもそこに自分がいたように、あるいは自分の子どもが成長するのを見ているかのように思えてくる写真は、場所を問わず、長く関わってきた人の写真が持ち得る普遍性なのかもしれない。誰に教わったわけでもなく、何度も高いところから町や鉱山を捉え、また、ある時期からは一定期間を置きながら同じ場所に立つ、定点観測の手法も試されていたことに驚かされた。

　鉱山につながる栗原電鉄が廃線になり、長屋もほとんどが取り壊され、かつては2000人もの児童がいたという細倉小学校も閉校になった。人々が去り、写真はここで終わるはずだったと思う。失われるものを撮るということはそういうことだ。しかし、そこで終わってはいなかった。

　英子さんは更地になった長屋の跡に立ち続けていた。そこには、耕作放棄地が新しい植生に置き換わっていくように、あるいは伐採後の山が徐々に森へと還っていくように、人々が暮らしていた場所にもまた、新たな植生が生まれていた。そしてその植生がさらに優位に立つ植生へと移り変わり、人の痕跡が呑み込まれていくのを見続けていたのだった。

　細倉を記録し続けた寺崎英子。英子さんが何を考え、何を思いながら写真を撮っていたのかを知るすべはない。けれども、日々植物に向かい見届けようとしたものは、草いきれの中にゆれる、かつてそこで生きてきた人々の気配のようなものではなかったか。

　此岸と彼岸の、境界に立つひとのように。

# 同時代性という尺度

## コン・テンポラリーをどう認識するか

高嶺格
[美術家／演出家、多摩美術大学]

　私がたまたま生まれたのは1968年だった。小三のとき、父がブラジル移民の取材でサンパウロに行った。わずか10日間ほどの出張だったが、永久の別れのように思えて半泣きだった。「地球の裏側」は自分の想像力を超えていたのである。ほんの半世紀前、世界は広かった。父の持ち帰ったブラジル土産は、「見知らぬものへの誘惑」として長い間私の心をつかんでいた。いま、私が海外に出張するとき、うちの子供は半泣きになったりはしない。「キューバ？　おみやげよろしく〜」。彼らはキューバについて知っているわけではないが、たかだか地球のどこかだろう、くらいに思っている。私がどこへ行こうとも、いつでも顔を見ながら会話できるのである。パンデミックで渡航が制限されていること、ロシアのウクライナ攻撃が物価に影響していること、国同士でゴミを押し付けあっていること。日々なんとなく聞こえてくるそれらのニュースが、世界に対する子供のイメージを形作っていく。「世界は広い」と素朴に信じていた頃の自分、その素朴さを懐かしく思うにしろ恥じるにしろ、いまの子供にとっての世界は、私の子供の頃と比べてずいぶん小さく、いや肯定的に言うなら「近く」なったというべきか。

　「広い」が「狭い」に変わったのだとすれば、世界の認識が根本的に変わったと思ってよい。「見知らぬものへの誘惑」はこの数十年で急速に失われた。少なくとも地理的な意味ではそうだ。海外留学を希望する学生は減っている。代わりに増えたのが、自分と違う時代への興味、つまり祖父母世代への関心、または昭和へのノスタルジーである。エキゾティシズムの向かう先が時間軸へと変化したことは興味深い（「見知らぬものへの誘惑」として過去の記憶が持ち出されるとき、それがノスタルジーの形をとることには注意しなければならない。なぜならそれは自己肯定のための道具として使われるからである）。

1990年代、私はダムタイプの作品に参加していたが、「pH」というパフォーマンスのツアー中、当時ディレクターだった古橋悌二は作品の一部を改変したいと言い出した。湾岸戦争の勃発を受け、より状況に沿った形にしたいと。驚いた。いまでは普通に行われる改変かもしれないが、当時学生だった私にとって、芸術作品とは「普遍性を追求する」ものだったのだ。これがパフォーマンスという表現の柔軟さ、即応力を知った瞬間であり、「いま、ここ」を表現するメディアとして、私がパフォーマンスを始めるきっかけとなった出来事である。

　以来、多くの作品を発表してきた。アイデアが出る際のメカニズムはわからぬままだが、なにかしらアイデアらしきものが出たとき、それを採用する／しないを検証する時間がある。それは一瞬の間に行われるときもあれば、人に相談するときもある。いずれにしてもその検証で行われていることとは、観客が抱く印象のシミュレーション、つまり作品の「見られ方」を検討する作業である。瞬間的に世界を一周するようなもので、さまざまな世代、さまざまな土地の人間（＝観客）を想像し、それが「イケてるかどうか」を判断する。作品によってはひとつのシンプルなアイデアで済む場合もあるし、舞台などでは何百もアイデアが必要になる。その場合はアイデア同士の関係をいじり倒して「イケる」状態にする。その判断の拠り所となるのが、自分の時代感覚なのではないかと思う。刻々と変貌する世界の中で、作家の感性も刻々変化する。個々の作家の時代感覚こそが作家のオリジナリティと言ってもいいだろう。思いつくアイデアはランダムだが、それが「どう見られ、どう機能するか？」を検証する作業にこそ、同時代へのアプローチが出現するように思う。

　2011年の福島原発事故のあと、「ジャパン・シンドローム」というシリーズの作品群を作ったが、ここでは映像版の「ジャパン・シンドローム」について触れたい。この作品は、パフォーマーが街にでかけ、スーパーや飲食店などで「この食品は安全ですか？」となにげなく店員に話しかけたときのやりとりを、そのままスタジオで再現したビデオ作品である。刻々

と変わる原発事故への評価の中で、人々の反応を記録しておきたいというのが制作の意図だった。三都市で三つのバージョンを作り、最後の水戸編を作ったのが2012年の夏、原発事故から一年半ほど経ったときだった。水戸芸術館での個展で三つを合わせて展示したが、個展がオープンする直前に行われた衆院選、また翌年行われた参院選の両方の選挙で自民党が大勝するという結果になった。あれほどの事故が起きていながら元の木阿弥に戻ったことに驚いたが、それはともかく、選挙の結果を受けて「ジャパン・シンドローム」のシリーズは打ち止めになった。もう撮れないと思った。

　なぜ撮れなくなったのか？　理由としては、観客に期待していたことが外されたと感じたからではないかと思う。もともとなんらかの形で社会に瞬発的に機能すること、その期待を込めて作った作品だった。別の言い方をすると、観客を信頼していた。そしてその後、あいちトリエンナーレ2019で観客の質が決定的に変化したことを感じ、その後は客に対しての安易な信頼を前提に作品は作れないと思うようになった（この影響は思いの外大きく、作品を発想するときの自由度は、観客への信頼度と密接に関係していると最近は感じている）。

　しかし作品は時間が経って別の形で機能することもある。以前シンガポールの国立美術館で見た展覧会は、解説がなくとも作品を見るだけで、この100年の間にアジアでなにが起こったかがわかる、そういう構成がなされていた。作品のほとんどは具象絵画だったが、作品の一点一点が歴史の生き証人として当時の空気をビビッドに伝えている。美術にそんなことができるのかと驚かされた。こういう展覧会に入ることを目標とするのも悪くないと思うようになった。

　私はよく学生に「自分がどう作られてきたか」について考えるよう話す。ようするに「自分に対し客観的であれ」ということだが、いきなり客観的になれと言われても難しい。そこでボーヴォワールの「女は女に生まれる

のではない、女になるのだ」を例に話すと、少しずつ自分の生きてきた時代、または無意識にかかっている時代のバイアスについて自覚的になる。すると他人を見る目も変化する。「生まれつき」と片付ける代わりに、相対的な時間の流れの中で自分や他人を理解するようになる。

　子供であれ老人であれ、現在生きている人間はすべからく「時代の先端」を生きている。人間だけではない、すべての生物は原生生物から脈々と続く命の先っぽを生き、日々少しずつ、ゆっくりと進化している。そして、生まれる時代を自分で選ぶことはできない。生まれる時代は「ガチャ」である。生命は、「たまたま」生まれた時代を、「たまたま」同時代に居合わせた者と共に生きる。「たまたま」この時代に生まれた私たちは、日々出会う事象に対してさまざまに表現をする。現時点でなされた判断が後世にどう映るのか？　未来からの視座を持って生きることはいかに可能か？　地理的な関心を失いつつある人類にとって、この問いはますます重要になるだろう。

# 忘れること

## たとえば引き出しの奥の手袋など

伊達伸明

[美術家、建築物ウクレレ化保存計画、京都芸術大学]

### 建物の記憶をウクレレにして残す

　取り壊される建物の部材の一部を用いてウクレレを作り、元の持ち主に手渡していく活動「建築物ウクレレ化保存計画」を始めたのは2000年4月。さわり続けて角が取れた手すりや褪色した壁やシール、背丈の跡など、生活の痕跡が豊かな箇所を切り出し、肌合いを残しつつ加工する。完成したら折を見てお披露目／引渡しを行うが、その後再びお借りして展示することもあり、2021年11月からせんだいメディアテークで開催された「ナラティブの修復」展には、これまでに制作したうちの16本が登場した。住まいを見送る／空白との向き合い方／残すものとはなにか／住み手側から建物を語ること、などのテーマは、震災を機にメディアテークが向き合うことになった命題とも重なり、また20周年という共通点（厳密に言えば1歳違いだが会期がコロナでずれてあいまいになった）もあって、活動の意義をあらためて考える機会となった。

### 来し方との訣別

　長年住んだ家の解体は一生に一度あるかどうかの大イベントである。実質的な作業である家財道具類の移動と一斉大処分の中で、家人は溜まりに溜まった品々とその物量にはじめて向き合うことになり、多くの場合「こんなにあるとは思わなかった」「捨てられないのねー」とため息を漏らす。知人のある民族学者は「人がモノに対して抱く価値はその来歴と履歴にある」と語っているが、大切な人から記念にもらった器とか肌身離さず持っていたバッグのような印象深いお宝だけでなく、景品やついで買い、箱や容器のような付随品に至るまで、それがどういう縁で自分のもとに現れて今に至ったかというストーリーに価値を感じ、語り部としてとっておくら

しい。金銭的・社会的な価値は二の次なのでガラクタ同然のものもあるが、建物に残したさまざまな痕跡も含め、そんな玉石混交の人生の伴走者たちに囲まれることで失わずにいられた当人の前半生が、いざ処分するとなると存続の危機にさらされる。

それでも家人たちは、ため息を漏らしつつ、今後それが必要かどうかの判断とともに「それがなくなっても思い出せるかどうか」「思い出さなくても大丈夫かどうか」を自らに問いながら処分対象を確定していく。それはこれから脳内から消えるかもしれない来し方との訣別であり、いいかえれば忘れるための準備である。

## リミットを超えないために

人は普段の暮らしの中で、物体だけでなく会話、学習、体験、状況判断などを通じて押し寄せる膨大なデータを適宜選別して、必要なものは蓄積し、そうでないかもしれないものはスルーしながら生きている。この処理は緊急性、経済性、社会的信用度などの条件からほとんど反射的直感的に行われ、実用性、衝撃度、話題性などを軸に蓄積順位が決められるが、実用性が低くても印象的なものが残ることもある。スルーされたものは「覚えていない」、一度蓄積したのち放出したものは「忘れた」とするこの選別は、処理しきれない情報量をいったん遮断するリミッター機能であり一種の均衡維持本能とも言えようが、「忘れてはいけない」圧が充満する空気の中ではこの心の最終防衛線すら集中砲火の対象にならないとも限らない。そこで人はメモリー機能を極限まで肥大させた上で外付けすることを思いつき、「覚えてないけどすぐに思い出せます」と表明すれば問題ないとするルールを作った。そして一事が起きた暁にはなんにも覚えていない人が大量に発生する社会ができあがった。

## 忘れる過程

美術家が持つ「見えないものを見えるようにする力」や「地域の誰からも等距離にある立ち位置」を活用したリサーチ／アーカイブ手法は各地域に根付き、失った記憶を掘り起こす作業の意義は広く共有されるようにな

った。その一方で、ある事柄が忘れられていく過程について臨床的に議論されることはいまだに少ない。状況や内容に幅がありすぎる、プロセスを追跡しようとした途端に思い出してしまうなどの宿命的な逆風条件もさることながら、そもそも「忘れること」の意味が個人レベルと集団とでは異なり、その線引きが難しいことも理由のひとつと考えられる。本人に尋ねて何も得られなければ「個人が忘れた」、地域の話を尋ねたが誰も答えられる人がいなければ「集団が忘れた」ということでよいとしても、まだ多くの人が覚えているにもかかわらず「忘れたことになっている」トピックが実はかなり多いのである。この場合の「忘れる」は「話題にならない（しづらい）」と言い換えることも可能だが、これは多分に政治的で、商品の新陳代謝から災害復興、地域再開発におけるジェントリフィケーション等、さまざまな状況下で忘却に向けた環境整備は計画的に進められている。

　昭和40年代に採掘が終了した仙台亜炭もそのひとつ。幕末以降、特に戦中戦後の生活文化を語る上で欠くことの出来ない題材だが、モノのない時代の代替燃料という中途半端さからほとんど価値を見いださなかった使う側の意識と、地下に坑道があるにもかかわらず宅地造成を進めたことで後に社会問題化した陥没問題に触れたくない行政側の思惑とが一致して、見事に「忘れさせることに成功した」一例である。人間の脳の老化速度よりずっと早く進行するこのような集団的忘却が、開発・発展の甘言の陰で増え続けることへの危機感から、地域アーカイブという考え方が広がったと言ってもいいかもしれない。

　私自身の感覚で言えば、個人的な「忘れる」、つまりある記憶が薄れていく過程は、単一トピック内の漸減ではなく他のトピックの上書きによる段階的な順位後退である。前述の通り思い出さないこと自体は自己防衛本能でもあるので、心身に深い傷を被った重大な出来事ですら、ときには押し寄せる雑事に身をあずけて自ら再浮上の機会を手放すことがある。しかしこれはまだ、忘れたわけではないが思い出すきっかけがないだけの「思い出さない期」。ここで一度でも思い出しておけば細部の再現性は保持されるのだが、その機会を失うと、きっかけが与えられても再起動しにくくなる段階を経て、さらに老境にさしかかって「忘れた期」へと進む。

この構造は押し出しファイリング法という封筒整頓術と通じるところがある。これは書類をテーマごとに封筒に分けて入れて書棚に立て並べ、取り出した後は必ず一番手前の端にもどすという方法である。そうすることで封筒は棚の中で手前から使用頻度順に並び、めったに使わないものは次第に奥へと追いやられていくのだが、記憶の格納もこれと似ていて、新しい出来事がやってくるたびに古い事案は奥へと移動し、代わりに「忘れる」が一歩づつ近づいてくる。

## 浮かべばウクレレ

ウクレレ制作で言えば、この一番奥あたりの封筒を探して開くのが解体前の聞き取り過程である。普段の会話の範囲内で建物にまつわる話を聞き、エピソードのユニークさ順に部材を選定していく中で、私が尋ねたことですっかり忘れていたことを思い出し、以後そのトピックが家人の間で旧宅を語る際のキーワードの一つに昇格することがある。劣化した箇所を苦々しくチラ見する以外、いまさらじっくり見ることもなくなった家の記憶に、よそ者からの何気ない問いに答えたことではじめて外形が与えられる。いったん奥に追いやられた封筒が一番手前に差しこまれる……。

おそらく記憶というものは消去もなければ自然消滅もない。劣化しながら浮沈するのみである。

# 語れなさと伝承

高森順子
［社会心理学、阪神大震災を記録しつづける会］

## 「対話の綻び」と「語れなさ」

　我が身に起きたことを言葉にして伝えたり、それを聞いたり読んだりするということは、得意不得意や頻度の差はあれど、日常的に行われている。「朝トーストを食べてきた」とか、「先週の飲み会で笑えることがあって」とか、「昨年、父が亡くなったんです」といったように、人々は自分が経験したことを言葉にする。声に出したり、書き綴ったりすることで、他者に開いてみようとする。また、そのように開かれた誰かの経験を、私たちは日々、様々な媒体を通して受け取っている。経験を言葉にすること、そしてそれらを受け取ることは、社会を生きるうえで避けて通れない営みであるといえる。

　他者に向けて開かれる「我が身に起きたこと」は、何気ない日常の出来事に思える場合もあれば、滅多に経験しないような非日常の出来事に思える場合もある。なるほど、たしかに「朝」に「トースト」を食べることや、「先週の飲み会」で「笑えること」があることは、さほど珍しいことではない。対して、「父が亡くなった」ことは、おそらくほとんどの人にとって一回限りの特別な出来事に思えるだろう。ただ、よくよく考えてみると、ある出来事が「日常」か「非日常」であるかという区分は、揺らぎのあることだとわかる。「朝にトーストを食べてきた」ことは、いつも朝ごはんを食べない人にとっては滅多に起こらない「非日常」かもしれない。「先週の飲み会」は、COVID-19 の感染拡大によって自粛を続けていた人々にとっては、コロナ禍以前の言葉のように思われるかもしれないし、いまとなってはきわめて非日常的な出来事のように感じる人もいるだろう。「昨年、父が亡くなったんです」という言葉は、たしかに、話し手にとっての「父」が亡くなるということは、多くの人にとって一回限りの出来事であ

るが、親が先に死ぬということは生き物にとっては順当な事態といってい
い。

　このように、私たちが日々のやりとりのなかで語られる経験が「日常」
か「非日常」であるかは、語り手や聞き手の判断と切り離すことはできず、
それはその人物を取り巻く社会的な状況や文脈によって揺らぐものである。
さらにいえば、そうした経験に対する「日常」か「非日常」かという分類
についての感覚は対概念であるというよりも、グラデーションのようにそ
の濃淡が溶け合っている。こう考えると、「我が身に起きたこと」の理解
の仕方は、語り手と聞き手のあいだで噛み合わないほうが自然であるよう
にも思えてくる。たとえば、語り手である「私」が、かけがえのない「父
の死」の経験を切々と語ったとする。それに対して、聞き手が「親に先立
たれることは皆いつか経験することだ」と応える。やりとりのあとの
「私」は、「私が言いたいのはそうではない」と憤ったり、「これ以上話し
ても無駄だ」と対話を続けることを諦めるかもしれない。一方、聞き手は
「ずいぶん繊細な人だな」と困惑したり、「当たり前の話をしたまでだ」と
自分の正当性を擁護するかもしれない。

　このような「対話の綻び」★01は、多かれ少なかれ、誰しも経験したことが
あるのではないか。その「綻び」の先に、相手を打ち負かすための諍いや、
関係の断絶を経験した人もいるだろう。「語れなさ」という感覚をもたら
す根源のひとつは、そのような経験にあるのではないか。

　自分の経験を他者に開こうとするとき、聞き手が理解しようとしてくれ
るのかどうか逡巡し、結果、声に出せなかったり、書けなかったりする。
そこには、文字通り「言葉に出来ない」という「語れなさ」がある。また、
自分の経験を開いたあとに、この言葉で本当に良かったのかどうかと思い
悩んだり、他の言葉がなかったかと反省したりする。そこには、紡ぎ出し
た言葉に対する不全感にともなう「語れなさ」がある。このように、私た
ちは、他者とやりとりにおいて「対話の綻び」を回避することはできず、
その経験は「語れなさ」という感覚をもたらしうる。

　災害は、突然に人やモノが失われるという「非日常」を生み出す。一方で、被災した人々はたとえ被災直後であっても、日々の暮らしという「日常」を引き戻さなければならない。東日本大震災は、歴史的な見地からすれば特異な出来事であり、「非日常」として位置付けられるかもしれない。一方で、被災者の視点に立てば、それは確かに「私」の身に起きた特異点であるが、しかしその先には「私」の新しい「日常」がある。

　このように、災害を経験した人々は、「日常」と「非日常」に引き裂かれながら暮らしを立てる。そのとき、人々はしばしば、「語れなさ」を経験する。自分自身でさえ正確には理解しかねるかもしれない経験を言葉にしたところで、それを他者が理解してくれないのではないかと想像し、それを躊躇う。あるいは、経験を言葉にしたあとで、後悔や不全感を抱える。

　では、私たちは「語れなさ」にどのように付き合っていけばよいのだろうか。それを考えるための手がかりとして、私の伯父が創設し、のちに私自身が活動を引き継いだ市民団体「阪神大震災を記録しつづける会」の手記執筆者の言葉を紹介して、この論を締めくくりたい。

　「阪神大震災を記録しつづける会」は、阪神・淡路大震災の経験の手記を手記集としてまとめ、出版することを目的とした団体である。そこに集う執筆者は、約四半世紀に亘って自らの体験を手記に認めてきた。これまでに出版された手記集は11冊あり、収録された手記は448篇にのぼる。また、2020年には、長らく活動をともにしてきた執筆者6名へのインタビューを記録集としてまとめた。[02]

　執筆者の眞治かおりさんが手記を書こうと思った契機は、新聞記者に対して自分の経験を語ったことだという。眞治さんは、「脚色とまではいわないけれど」と前置きしたうえで、自分が記者に向けて語ったことと、掲載された記事に「温度差」を感じたという。そこから「自分の言葉で書く」ことに関心を抱き、それが同会への手記投稿につながった。

　彼女が記者に語ったことと、記者が書いた記事の「温度」を全く同じにすることは不可能かもしれない。ただ、彼女はその差異を諦めたり、失望

したりするのではなく、自らの手で経験を新たに書くという選択をした。

　自らの手で書く選択をした、というと、そこに執筆者の強い意志があらわれているように思われるかもしれない。ただ、同会の執筆者たちの「書く」ことに対する態度は軽やかだ。さきほどの眞治さんは「取りあえず、じゃあ時系列にということで書き始めて。一回書き通さなきゃと思って、ざっと書いて、読み返して。ここにこうかな、ここはこうかなといって何箇所か修正して、清書をして送ったの。だから、そんなに時間はかかっていない」と、最初の手記を回顧する。他の執筆者は「私は割と、たった、と書くの」、「時間があればあるほど直してしまいたいというのがどこかにあるので、最後、いよいよ、えいやっというところで送った」などという。執筆者に共通しているのは、「書く」営為は環境に影響されるものであり、自らの意志の外で、執筆が勢いづいたり、執筆を止めて手記を手放したりしたものであることを引き受けているということだろう。

　眞治さんは、障害をもつ子どもを育てる日々のなかで、手記募集の新聞広告の切り抜きを壁に貼り、ときおり見ていたという。最初の手記投稿は、震災から2年、子どもが2歳になったときだった。一気に書き上げた原稿は、郵送の投稿締め切りには間に合わず、FAXで送ったという。彼女は「書く」環境が整う機会を待ち構え、その機会がやってくるまでのあいだ、ずっと「書く」準備をしていたといえるかもしれない。

　経験を他者に開くというとき、関係の綻びは回避できない。それは「語れなさ」という感覚を呼び込む。ただ一方で、経験を手記として開いた人々は、語ることが自らの意志によって完全にコントロールできないことを引き受け、語る機会を待ち構えていた。語る時間と、語る機会を待つ時間をめぐる執筆者の態度は、摩擦や対立をしたたかにかわしながら、「語れなさ」とともにあるために磨き上げられた技術であるといえるだろう。

★01｜高野尚子・渥美公秀「阪神・淡路大震災の語り部と聞き手の対話に関する一考察──対話の綻びをめぐって」『実験社会心理学研究』46巻2号(2007)、185-197頁。
★02｜阪神大震災を記録しつづける会編『筆跡をきく──手記執筆者のはなし』(阪神大震災を記録しつづける会、2020)。以下、執筆者の言葉の引用は同書から。

# メディエイター

## 旅する身体

瀬尾夏美
[アーティスト、一般社団法人 NOOK]

　メディアになりたい、と宣言したのは、2011 年 12 月のことだった。当時その言葉の意味をよく理解していたか定かではないけれど、被災地域へボランティアに通う美大生だったわたしは、とにかくメディアにならなくちゃ、と考えていた。家々が破壊されたあとの灰色の風景を見た。そこで出会った人びとに、あの日の体験や複雑な現状、心境について聞かせてもらった。ここでわたしが見聞きしているものはきっと、いまの社会にとっても未来を生きる人びとにとっても大切なものだ。だから、日常に押し流されてそれらを忘れてしまう前に、誰かに手渡さなければ。でも、たとえば絵画や写真作品にして伝えるには力量不足だし、現地の変化にもとても追いつけそうにない。そこでわたしは、被災地域で見聞きしたことをツイートしたり、東京や関西で報告会を開き、会場に来てくれた人たちと話をしたりするような、ささやかな「伝える」実践を始めた。被災地域で受け取った大切なものごとを、そうではない地域（といったん分ける）に持っていき、話してみる。すると、そこに仮設的なコミュニティが立ち上がる。時が経つにつれて震災に関する報道は減り、世間の関心は低くなっていく。だけど、ここでは震災について、被災した人びとやまちへの支援について、あるいは遠方にいながらもショックを受けたわたしたちのあり方について、ひそひそと話し合うことができる。大きな災禍を目の前にして為す術がなかったわたしにとって、そこで得られる実感は救いだった。隔てられたもの同士がつながったときにこそ、その豊かな場所は現れた。

　自分のツイッターアカウントの履歴を検索してみたら、冒頭の宣言をした日のことが懐かしくなった。冬の日、わたしは映像作家の小森はるかさんとともに関西の大学を訪れ、報告会を開いた。会の終わりにその大学の先生から、「東日本大震災の報告というけど、あなたたちはいったいどんな立場で何を伝えたいのかわからない」いう趣旨のコメントをもらい、悔

しかったのを思い出す。その夜にした連続ツイートでは、たしかにそうだと認めつつ、ならばわたし自身がメディアとして機能するための土台づくりが必要だ、と息巻いている。ここでいう「土台づくり」とは、伝えるための身体づくりのようなもので、起きた出来事についての知識と自分なりの視座、その土地の歴史背景や風土への理解、またそれらを伝えるために必要な表現の手法を獲得しなければ、と焦っていた。実際にわたしは、このあと小森さんと一緒に陸前高田へ引っ越す準備を始める。その土地にいる時間を具体的に増やすことで、身体づくりに専念しようと思い立ったのだ。そしてこのとき、わたしはこうも記している。

　この震災を忘れない、ということは長いスパンで考えなくちゃならないことだと思います。それはまたいつか必ず起こる自然災害で人が亡くならないために。でももうひとつ違う次元で、いま、忘れちゃならない、ということもあると思う。
　それは、東北で亡くなった人や生き残った人たちの抱える"さみしさ"の大きさに関することだと思います。親しい人たち、まち、財産、景色、時間……などをいっぺんに失くした人がたくさんいる。その"さみしさ"は、もっと大人数で分け合わないと抱えきれないんじゃないかと思う。
　　　　　　　　　（@seonatsumi 2011 年 12 月 21 日のツイートを一部表記調整）

当時のわたしは、震災を伝えることにはふたつの効果があると考えていた。ひとつは、体験と教訓を未来に伝えて次の被害を防ぐという、防災を促す効果。もうひとつは、同時代をともに生きる他者とのゆるやかな連帯。10 年以上が経った現在は、前者は基本的には、後者の同時代的な実践の連なりによって得られるものだと感じている。未来の被災を防ぐためには、いまを生きる者たちが起きた災禍について考え、話し合いをする、その積み重ねが必要であるから。

　体験者が語り、聞き手が相槌を打つ。その相槌に触発されて、語り手は自身の奥底にあった記憶や感情に気づき、初めてそれを語ったりもする。そして、語り手と聞き手がやりとりを重ねる親密な時間を経て、今度は聞

き手自身が、聞いた話を別の誰かに伝えようと試みる。語りを受け取った人が、それを手渡すメディアになることを能動的に引き受け、また語る。次の人が受け取り、また語る……そうしているうちに、体験者、あるいはそれが起こった土地から、時間的、空間的、心理的に離れた場所までが、淡いグラデーションのようにつながっていく。メディアとは、隔てられたもの同士をつなぐ媒体のことである。そして同時に、触れた先を刺激し、次なるメディアに変えてしまう触媒のことである。こう書くとまるで魔法のようだけれど、実際には、「伝えること」の地道な実践の連なりによってこそ、未来を生きる誰かの命や財産が守られる可能性が開かれる。

　「話語るっづうのはしあわせなんだよ。ひとりじゃできないからね。つまり、ひとりじゃねえっつうことさ」。民話の語り手である健さんは、語り継ぎという営みについてこう教えてくれた。誰もが誰かの語りを手渡すためのメディアであり、そして、語り継ぎの空間には、ささやかな幸福——ひとりではないという安心感が広がっている。それは、苦しい体験を語らなければならない震災伝承の現場においても、同じように存在するものだ。

　10年前、メディアになりたいと息巻いていたわたしは、陸前高田や仙台で震災の記憶の継承や、民話の記録活動に関わるうちに、誰もがメディアになれる（すでにメディアである）ことを理解していった。しかし同時に、自分自身がその語りを伝えていくメディアであることに気づいていない、あるいはそれを引き受けてよいのかと戸惑う人が多いのが気になった。足りていないものは、「あなたにもこの話を聞いて欲しい」という意思表示と、「あなた自身も誰かに語ってよいのだ」という後押しなのかもしれない。

　ここで、自分自身がメディアであることを自覚し、その役割を全うしようと試みる人のことをメディエイターと呼んでみる。それは、隔てられた場所や時間を仲立つためにその間を移動しつづける人で、出会った人びとを後押しすることもある。あのとき必死になっていた「伝えるための身体づくり」は、記憶の継承の現場でメディエイターであるための補足的な鍛錬だったようにも思える。そうして細々と、いくつかの現場に立ち会ってきた。もちろんいつもうまくいくわけではないけれど、体感的には、仲立

つ人の後押しから波紋のように広がってものごとが大きく動くとき、そこに必要な一手は、意外なほどに小さい。だからこそ、その一手を可能にする技術に着目してみたい。

それはたったふたつ。ひとつは、語り手、そして語られている内容と距離を取る技術。もうひとつは話をなるべく丁寧に聞く技術。しかもこのふたつは関わり合っている。あるコミュニティの内部に入りすぎてしまうと利害関係に巻き込まれてしまい、あちこちに出向いて話を聞くことも、いくつかの関係性を横断するような提案をすることも難しくなるからなるべく避けたい。また、話を聞くときにも、相手との関係が緊密になりすぎると、聞き手としてのわたし自身が揺れてしまって、その内容をきちんとつかむことができない。

陸前高田に引っ越した頃、そのまちで写真店を営んでいた人はわたしに、「お前はこのまちの住人になるなよ」と繰り返し言った。「灰色の景色を灰色に描いてどうする。目を凝らせば、そのなかにも色があるかもしれないだろう。お前はそれを見出して伝えるんだ。何かを表現する人間こそ距離を取れ」。彼が語ったのはまさに、出来事を写真に収めて誰かに伝えるための技術の話でもあった。以来、多少非情とも取れるその場所が、わたしの定位置になる。ここに立ち続けるからこそ、できることがあるのだと信じている。

仲立つ人は、だからすこし寄る辺がない。それぞれのコミュニティが持つ吸引力から、意識的に逃れつづける必要があるから。しかし、その不安の裏には喜びがある。思いがけず立ち会った語らいの場で相槌を打つ。質問をする。たったそれだけのことが、相手の日常に埋もれていた語るべき言葉を掘り起こすことがある。その発見をともに喜ぶ束の間の親密な時間は、いつまでも距離を取って接しようとする自分自身の気まずさを和らげてもくれる。わたしはあなたの言葉を持って次の場所に出かけます。それは、旅人のふるまいに近い。

これまで仲立つ人であろうとしてきた人や、これからそうなろうとする人、なってみたいと願う人との情報共有として記す。訪れた先々に、記憶の継承の現場を立ち上げてしまう旅人たちへ。

# 「協働」の意味

## 「誰ひとり取り残さない」

栗原彬

[社会学、立教大学名誉教授]

　1995年1月、阪神淡路大震災が起こると、150万人のボランティアが現地に入り、凍結した役所から立ちあがった行政とともに公共を担って、生き生きと「協働」で活動した。その3年後、1998年にNPO法（「特定非営利活動促進法」）が施行された。

　多くの自治体が、協働によるまちづくり推進の条例を施行してきた。たとえば「明石市協働のまちづくり推進条例」（2016年施行）は、「協働」という用語の意義を次のように定める。「協働　市民と市、市民同士が、それぞれの知恵や経験、専門性などの資源を生かし、尊重し合いながら、果たすべき役割と責任を自覚し、共に考え、共に力をあわせることをいう」。

　「協働」は、かたい行政用語ではあるけれども、自治体での条例化が進んで、広く一般化したように思える。しかし実態はと言えば、自治体からNPOへの事業委託が急増しているのであって、自治体は、どこか民間側への「支援」めいていたり、単なる「発注元」にすぎなかったりで、さらにNPOの側も「請負先」の「業者」になって、双方が寄り合ってビジネスモードにはまっているように思える。

　財政難を抱える行政にとってNPOは「安上がりな請負先」。NPOにとっては、行政は「安定した資金源」として映るから、ミッションをさておいてでも仕事を「取ろう」とする場合もある。行政の財政難とNPOの資金不足という、双方の負の側面の一致が「利害」の一致を生む状況下で、本来市場原理優先の社会システムの変革につながるべきパートナーシップが、かえってシステムの温存と補完に手を貸すことにもなりかねない。[01]

　私たちは、協働ということが立ちあがった場所にたちかえって、協働の意味を問い直さなければならないのではないか。

　最初に、ボランティアがあった。ボランティアがあって、はじめて協働が生まれる。新自由主義の政治が、市場原理・競争原理を優先させ、福祉

を切りつめ、自助努力と自己責任を唱導すると、「豊かな社会」から疎外された人々が、家族、コミュニティ、労組などのセイフティネットを失なった。自発的に立ちあがった市民がそうした社会的弱者を包摂する新しいコモン(公共、共同性)を担うボランティアとして登場した。ボランティア活動は、いいだしっぺが責任をもって取り組む、この指とまれ方式でやる、出会いと対話を大切にする、異なるものどうしが対等な結びあいをつくる、権力の付着を避ける、といった原則を共有していた。

　ボランティアの根源的な身振りは、「私が誰かを宛て先にすること」であり、また「誰かが私を宛て先にすること」でもある。地域で尊厳を持って生きる上で問題をかかえた人が私の視界に現れるとき、その人を無視したり排除するのではなく、逆に同一化したり感情的に巻きこまれるのでもなく、互いに宛て先になることで「私はあなたが存在してほしい」と、行為で、身体で伝え合うこと。それがボランティアの根源的な身振りであり、NPOというボランティアを支える道具に先立つボランティアの魂でもある。なお「私はあなたが存在してほしい」とは、アウグスティヌスの「愛すること」の定義でもある。

　「私はあなたが存在してほしい」という根源的身振りは、ひとり市民だけのものではない。行政の人もまた、同じ根源的身振りを持ち、その延長上に拓かれる自律と共生のコモン(公共)への意思をもって、市民社会と行政システムが交差するエッジに歩みださねばならない。

　市民はボランティアの魂を、行政の人はコモンへの意思をたずさえてエッジで出会い、目的を共有し、課題を確認する。その先に、市民の側は積み重ねてきたボランティア活動によって、また行政の側は公共サービスの施策によって錬磨してきた、それぞれ異なる知恵、力能、専門性などの資源を持ち寄り、役割と責任を明確にして、力を合わせてコモンの創出に取り組むこと。両者の出会いと対話が、協働という楽しいできごとを導く。

　協働における市民の責任は、ミッションそれ自体である。市民のミッションは、社会貢献やコモンの創出であり、究極的には他の生命の生存と尊厳を支えることである。

　生活困窮者への支援を行うNPO「つくろい東京ファンド」にSOSの電

話が入ると、スタッフが駆けつける。その時点で、その人は「ネットカフェから出て、行き場を失った人」という大きなカテゴリーの中の一人にすぎない。しかし、会って話を聞いているうちに、相手が「カテゴリー」から「一人の誰か」となって姿を現してきて、スタッフは手を抜けなくなる。「その人がこれ以上困らないように、持てる力のすべてを使わなくてはならないと思う。責任を持たないといけないと思う」[★02]。今ここにいる「生活困窮者への支援において、安定した住まいの確保を最優先とする」というミッションの成就に、力をつくすこと。それがいいだしっぺの市民の責任だ。

　協働における行政の責任は、適法性、公正、公平、行政計画との整合性などである。いずれも行政が税金を預かることから生じる責任だ。公正の基準は、公益に照して事業内容の正当性、分配的正義（公平）、事業設定の手続きの正しさ、事業行程の透明性など[★03]。

　公平とは比例的平等を意味し、分配的正義において、「貢献原則」によって労働なり保険なりにたくさん寄与した人々に多く資源配分され、「必要原則」によってその人々が生きるための必要性に応じて資源配分される。自助の基礎には貢献原則が、公助の基礎には必要原則がある[★04]。協働は公助を構築する活動だから、必要原則が貢献原則に優先する。

　市民と行政、それぞれの責任は、必要原則への応答責任（応答可能性）という交点で出会い、互いに補完したり相乗して、応答可能性に伴う目的達成の強度を増す。応答可能性の補完と相乗は、「全体の福祉と一人の生存は天秤にかけられない」とか、「人間の尊厳と生命権は不可分」[★05]など、引き返すことができない命題を導き、「公正ということを理解しようと思えば、一人一人を包摂しなくては……」[★06]という、いのちざわめくコモンの地平を拓くだろう。

　すなわち、協働とは、複数の主体の間に相互的に行われる、他の生命への贈与としての生命活動である。協働の本質には、見返りを求めない「純粋贈与」が存在する。市民と行政は、地に足を着けて立ち上り、互いを宛て先として寄り合い、目的をすり合わせて、異なる知恵と力能と専門性の資源を互いに贈与しあい、贈与の補完と相乗によって、コモンと自治の高

みへと至ろうとする。贈与の「互酬」があるから、複数の主体は、共に公共サービスの担い手、地域づくりの当事者として対等な関係で立つことができる。

　協働の意味は、複数の主体が寄り合って、贈り物をし合ったり、助け合う、「互酬」の関係によって目的達成の強度の増進をはかることにある。そして、協働の到達点は、誰ひとり取り残さないこと。

★01｜久住剛「変革に向けたパートナーシップは可能か」播磨靖夫編『生命の樹のある家――進化するNPO・深化するNPO』(財団法人たんぽぽの家、2003)、224-225頁。
★02｜稲葉剛・小林美穂子・和田靜香編『コロナ禍の東京を駆ける――緊急事態宣言下の困窮者支援日記』(岩波書店、2020)、50-51頁。
★03｜松下啓一『事例から学ぶ・市民協働の成功法則――小さな成功体験を重ねて学んだこと』(水曜社、2022)、95頁。
★04｜新村聡「平等と公平はどう違うのか」『世界』950号(2021年11月)、122-131頁。
★05｜ユルゲン・ハーバーマス(クラウス・ギュンターとの対談)、三島憲一訳「人間の尊厳と生命権は不可分――出口戦略をめぐって」『世界』936号(2020年9月)、57-66頁。
★06｜アルンダティ・ロイ(ナオミ・クラインとの対談)、荒井雅子訳・構成「違う世界に通じる入口へ――誰ひとり取り残さない」『世界』936号(2020年9月)、34頁。

# 18歳（未成年／ハイティーン）

## ユースてつがくカフェの足跡

辻明典

［臨床哲学、福島県公立学校教諭、てつがくカフェ＠せんだい・ユースてつがくカフェ担当］

「普段、何気なく口にしたり耳にしたりしているけれど、それほどじっくり考えたことはない、なんだか気になることってありませんか？　たとえば、「愛」とか「未来」とか……そんなわかるようでわからないことについて、いつもとは違う場所で、ゆっくりお茶を飲みながら話します。自分の言葉を同世代の人の言葉と交換して、自分のなかに新たな"ことば"を探してみませんか？」

2012年から始まったユースてつがくカフェは、こんな誘い文句から始まる。

「10代の若い人たちも、震災について、きっと何か考えているはずだ」

「中学生や高校生の声を、直接に聴きたい」

そんな思いが、始まりだった。

中学生や高校生といった、ハイティーンの若者たちは、大人と子どもの境界線上に立つ、両義的な存在だ。その視点は〈世界〉を鋭く見つめ、その言葉は、率直に〈世界〉を記述する。大人だけではなく、中高生たちも、現在の社会の一員であることは、論を俟たない。若者たち自身も、震災や原発事故という出来事と、無縁ではいられない。災害だけではく、貧困、格差、戦争……多種多様な課題が、この世界には横たわっているが、中高生たちも、それらに巻き込まれながら暮らしている。

しかし、彼らや彼女たちの声は、社会にとって聞き心地の良い言葉に、いとも簡単に変換されてしまう。

「……の大切さがわかりました」

「……これからは、頑張りたいと思いました」

と結ばれるような、極めて学校的で、お行儀が良く、鋳型に収まったかのような表現へと回収されてしまう。

それだけでなく、中高生たちの存在は、様々な場面で「対象化」されてしまっている。大人／子ども、成年／未成年、といった二分化された関係性のなかで、未熟な存在として捉えられる。そして、教えられ、諭され、対象化される存在として、日々生活している。

とはいえ、教諭という立場にいる私自身も、彼ら彼女たちを「対象化」しようとする状況に巻き込まれているし、加担さえしてもいる。学校の授業は、「先生が言ってほしいこと」を言い当てる時間になりやすい。教科書の知識が伝達されるだけではない。例えば、小学校で算数の時間に、

　　先生　　「いま、何時か教えてください」

　　子ども　「はい。9時です」

のやりとり後に続くのは、「正解」「よく分かったね」という言葉だ。よく考えると、とても奇妙なやりとりだ。こんなやりとりが生じるのは、学校の他にはあまりない。

また、発言する時はいつも、彼ら彼女たちの視線や身体は、教員に向けられる。教室は、先生の顔色を窺い、正解を言い当てることが、身体化されやすい空間なのだ。

一方で、ユースでつがくカフェは、中高生たちの哲学的な対話が生まれる場だ。同世代と共に、対等に言葉を交わし合う。そして、対象化されがちな日々から離れて主体性を取り戻し、〈世界〉と向き合う実践でもある。

「学校って、必要？」

「人は、群れると偉いのか？」

「大人なふるまいって、何？」

「闇って何？」

「嫉妬（ジェラシー）の先に何がある？」

どれも、参加した彼らや彼女たちとともに作られたテーマだ。中高生たちが生きる〈世界〉は、哲学的な問いに満ちている。毎日の小さな疑問から、その哲学的な問いは産出され、そして動き始める。

震災について対話した時、「実は、僕、びびりで……」と、冗談まじりで話してくれた中学生は「野次馬って、なんだろう？」と問いかけた。そこから、少しずつ言葉が動き始める。

「津波の跡地に、「野次馬は帰れ！」と書いてある看板が立っていたと学校の先生が言っていたんだけど……」

　「津波の跡を見に行くのは、迷惑になるならやめておいた方がいいのかな？　車が渋滞したら大変だし」

　「被災地を見に行くことは、良いこと？　それとも悪いこと？」

　「〈未来〉とは何か？」というテーマで話し合ったとき、文化祭が終わったばかりだという高校生たちから、こんな対話が始まった。

　「〈未来〉のかたちは、一つに決まっていない。いくつも枝分かれしているんだ」

　「〈未来〉と似ている言葉に、〈運命〉があって……」

　「失敗したときの言い訳に使うときがないかな。「あれは、〈運命〉だったんだ……」って言ってみたり」

　「同じ人と、偶然に何回も会うと、「これは運命だ！」って思う。実は、今日一緒に参加したこの人と、さっき〈運命〉の出会いをしてて……」

　ぜひ、中高生の声に耳を傾けてみてほしい。その哲学的な感性に、驚くはずだ。とはいえ、ユースてつがくカフェの取り組みは、難産の取り組みでもある。中高生にとって、てつがくカフェへの参加のハードルは、やや高い。興味はあっても、参加するには、とても勇気がいるようだ。実際に、参加理由を尋ねてみると、ほとんどの中高生たちは、

　「おもしろそうだから、いってみたら？」

と、友人や家族からそっと背中を押してもらえたからと教えてくれた。

　このエピソードは、彼らや彼女たちが生きる〈世界〉をよく表している。私が同じ世代だったとしても、参加を迷うだろう。だって、ユースてつがくカフェのように、中高生たちが、集い、語り合うための空間は、この社会にはほとんどないのだから。よく分からない場に参加するには、想像する以上に勇気がいる。

　では、10代後半の若者たちが、同世代の人たちと集い、語り合える場を、どうやって拓くのだろう。その答えも、シンプルだ。中高校生たちと協働で作り、育てていくのだ。

　こんなことを偉そうに書いているものの、恥ずかしながら、ユースてつ

がくカフェが始まった当初は、全く異なるスタイルだった。対話のテーマ、日時、場所は主催者側があらかじめ決めて告知するだけ。チラシも、仙台市内の学校に配布したが、参加者は数名程度。そして、誰も参加しない日がしばらく続いたこともある。

ある時、はっと気づいた。いや、白状すると、中高生たちの存在から、気づかされたのだ。そもそも、私たちは、中高生と共に、ユースてつがくカフェを、作ってきたのだろうか……と。

そう気づいてからは、自然と場のしつらえ方も変わっていった。中高生を巻き込んだ、対話的な協働が始まったのだ。ユースてつがくカフェの終盤になると、「次は、どんなテーマにしようか？」と、中高生たちと対話をしながら考えた。考えたテーマはその場でホワイトボードに書き込んで掲示し、告知することにした。

もちろん、開催日時も、参加した中高生たちと一緒に決めた。中学生や高校生は、とても忙しい。部活や塾、中間・期末テスト、そして受験勉強。私は、忙しすぎる学生生活が、決していいとは思わない。でも、これが中高生を取り巻く現実なのだ。だから、その現実に寄り添い、生活の余白を一緒に探し始めた。

中高生たちが生きる世界には、余白がない。日々生まれかつ動き出す哲学的な問いと向き合う余裕もない。中高生と一緒にユースてつがくカフェを作ることを意識し始めてから、それをより実感するようになった。

忙しすぎる日常の中で、中高生たちの哲学的とも言える疑問は、考える暇も無く、なかったことのように流されていく。「将来のため」「受験のため」「就職のため」といった理由のために、現在の、この瞬間の疑問は、いつも先送りにされていく。

でも、彼ら彼女たちは、今、まさに、この瞬間を生きている、現在を担う存在だ。ユースてつがくカフェは、中高生と共に作り上げる余白なのかもしれない。大人と子どもの境界線上を生きる中高生たちは、この〈世界〉を鋭く眼差し、その言葉で〈世界〉に鋭く問いかける。そして、自分たちが生きる〈世界〉を直接に捉えようとしている。中高生がもつ、その驚くほどまっすぐな哲学的感性に、私は「リスペクト」の感情すら抱いている。

# 差異からはじまる

柴崎由美子
［特定非営利活動法人エイブル・アート・ジャパン］

## アタマを打つ

　視覚障害（全盲）であり芸術家である、光島貴之さんが語ってくれた好きな話がある。

　光島さんは無類のコーヒー好きで、白杖をもって一人で京都の街を歩き、カフェを巡る。段差もあり、軒に頭をぶつけてしまうが、美味しいコーヒーと素敵なマスターがいるカフェ。段差がなく物理的なアクセシビリティは申し分がないが、まずいコーヒーとぶっきらぼうな店員が応対するカフェ。当然、前者の方に行くという。

　光島さんは続けた。「バリアが問題なのではなくて、バリアをどう受け止め、どう捉えるか、その感性や心のほうが大事。ちがいを前提としてそれを受け止める、許容する社会の方が僕は好き。さらにそれは、障害のある人にも、障害のない人にもどちらにも言える」のだと。[★01]

　この話の核心は、障害のある人がバリアを乗り越えようとしていることではない。また、マスターや店員が障害者に合理的に配慮しているかとかいう話でもない。

　ここから、私たちがかかわる「障害と芸術文化」の活動について話をすすめたい。

## あなたとわたしはちがう

　私個人は、障害のある人たちとともに「障害と芸術文化」の活動に関わり、約25年になる。2017年からはせんだいメディアテークが地域で展開するアートプロジェクト「アートノード」事業に参加、2018年からは「仙台市文化プログラム」をきっかけに市内のさまざまなアートスペースで障害のある人とない人がともにアート活動に取り組める場を運営している。[★02]

　なぜ、私たちは障害のある人たちとともに行う芸術文化活動にこだわっているのだろうか。

　ある日のアトリエ。いつも寡黙な女性が、紙の上でみるみる美しい植物を描きだしている。何枚も何枚も描いている。ある30代の青年が、約半年かけてこつこつと描いてきた作品を、大勢の人の前で照れくさそうに紹介している。彼は、高校を卒業後、あまり家から外にでたことがなかった。ある少女もここに母親ときたときには不登校気味だった。しかし、創作が好きで、その作品が次第にいきいきとなるにつれて、学校でも自らを表現できるようになっていった（母親談）。

　ある日の人形劇。小学生の女児、話す言葉は片言なのだが、人形をもったらとても饒舌である。いつのまにか周囲が取り込まれて、オンステージが繰り広げられていることは珍しくない。重度の知的障害児といわれる男子中学生は、言葉は話さない（表情で物は言う）。しかし、周囲の雰囲気を捉えながら、即興で楽器を奏でたらピカイチである。

　「わたしはこう感じている」という、とてもあたり前のことを伝える手段として、表現がそこに生まれ、生きている。表現を通じて、私たちは「あなたはこう感じているのね」と、その人の世界を知ることができる。ここには、地域のアーティストたちが参加し、その言葉にならない言葉を、丁寧に、とにかく丁寧に引き出していく。かかわるすべての人が、人間の豊かさ（決して美しいことだけではない）を知り、それにどう向き合うのかという大切な時間を共有している。

## ひとはちがう・かかわる・かわる

　文部科学省による障害者の生涯学習にかかわる「平成30年度障害者本人の意識等調査」に次のようなデータがある。

　「一緒に学習する友人、仲間がいない」71.7％

　「学ぼうとする障害者に対する社会の理解がない」66.3％

　2021年から、私たちNPOも、せんだいメディアテークや仙台市生涯学習支援センターで、障害のある人とともに生涯学習の活動に取り組みはじめた。すでに造形活動や身体表現の場はひらいていたが、もっと別の手法

で自分を知ってほしい・関わりたいという、とくに発達障害や精神障害の
ある 30〜40 代のニーズにはうまく応えられていない、という歯がゆさも
あったからだ。

　生涯学習が、自ら学びたいことを選び学ぶ主体性を重んじた活動である
ことを知って、2022 年から、障害のある本人たちが集い、語らい、自ら
選んだテーマを学ぶ、その環境をつくることに注力している。テーマは、
イライラとの付き合い方、働き方(生き方)研究、コミュニケーションと笑
い、わたしとはなにか(哲学カフェ)など。シンプルに、生きることそのも
のへの希求がみえてくる。ここにもまた、地域に暮らすアーティストや教
育者たちが寄り添っている。[03]

　私は、障害のある人たちとの活動が、なぜこんなにも魅力的で、人びと
が集まってくるのか、うまく言葉にできなかった。しかし、ある読書会で、
その魅力の根拠が少しだけみえてきた。それは、2021 年から、2 週間に一
度 90 分だけ、おもに宮城県内の仲間と行っている会。最初に手にした本
は、教育研究者の大田堯さんの『ひとなる』。[04] ここで大田さんは、「ひとは
ちがう・かかわる・かわる」という生物としての宿命をもっていると書い
ている。そしてこの営みこそが、'人が人としてなる' ことだと論じてい
た。なるほど！

　この本を通じて、今はようやくいえる。

　私たちの活動の核心には、いつもこの差異からはじまることを肯定的に
とらえようという意思があるのだ。冒頭に戻れば、光島さんの言葉の背後
にある考え方は、「差異からはじまることを肯定する意思」なのではない
か。だから私は共感しているし、私たち NPO はこうしたことに共感する
仲間づくりを続けているのである。私たちは福祉 NPO とも文化 NPO と
もいわれるのだけれど、どちらでもあって、ここに通底するのは「差異か
らはじまること」にどう向き合うことができるのか、ただそれだけなのだ。

　また、私たちが考える「文化的」とは、優劣にとらわれず、好きなこと
に出合って熱中する。失敗しながら成長し、他者と関わり「幸せ」と感じ
られることだ。

　2011 年に、報道を通じて故郷の震災を知り、何とも言い難い心理状態

で帰郷したとき、人々は哀しみのなかにも、静かに淡々と生活していた
（しようとしていた）。冷えたご飯をわけて美味しいと語り、何か月も水を汲
みながらトイレを流し、久しぶりのお風呂に満面の笑みを浮かべていた。
その様子が、私にはなぜか、大変美しくみえた。私のライフワークとなり
つつあった、障害のある人たちと歩むことの豊かさと、芸術文化とは何か
という問いを求めるには、この土地の人びとが何か新しい気づきを与えて
くれるのではないかと直観した。ひたひたと活動を続けて 11 年をこえる。

★01｜光島貴之さんは 1954 年生まれの美術家。10 歳頃に失明。大谷大学文学部哲学科を卒業
後、鍼灸を生業としながら、造形活動を行う。製図用ラインテープとカッティングシートを
用いた「さわる絵画」、他作家とコラボレーションした「触覚連画」「触覚コラージュ」とい
った表現手法を探る。2010 年、せんだいメディアテーク開館 10 周年事業「いま、バリアと
はなにか」光島貴之 音と触覚で生活世界をなぞる」に参加。取り除くべきバリア、楽しむ
バリア、作り替えたいバリアなど、さまざまなバリアを照らし出し、その融和を図る、音や
触覚などとの「気配」を体感する展示を行う。

★02｜仙台市文化プログラム「障害のある人たちの文化芸術活動を支援・推進する文化プロ
グラム」のひとつとして実施。主催は、特定非営利活動法人エイブル・アート・ジャパン／
公益財団法人仙台市市民文化事業団／仙台市青年文化センター（日立システムズホール仙台会
場のみ）／仙台市。多様な場で多様な出会いをつくることを目指し、会場を他拠点としていた。
せんだいメディアテーク、青葉の風テラス、東北リサーチとアートセンター、仙台市青年文
化センター、even など。

　　東北リサーチとアートセンター（通称 TRAC）は、仙台や東北の歴史・資源・課題などを調
べ、アートや表現につなげる活動と交流のための拠点。「アートノード」事業の一環として一
般社団法人 NOOK、せんだいオモイデアーカイブ、NPO 法人エイブル・アート・ジャパン
の三者が構成する「やわらかな土から」が運営した（2017 年 5 月-2021 年 3 月）。even は、
TURN ARONUD が運営しているギャラリー＆アートスペース（2021 年-／仙台フォーラス 7
階）。

★03｜令和 3 年度文部科学省「学校卒業後における障害者の学びの支援に関する実践研究」。
コロナ禍研究、恋愛と性、防災、金融、選挙、インターネットとの付き合い方、なにに取り
組んだ。

★04｜大田堯・山本昌知『ひとなる——ちがう・かかわる・かわる』（藤原書店、2016）。

# ふれあい

砂連尾理

［振付家・ダンサー、立教大学］

　"ふれあう"という言葉を辞書で調べてみると、"互いに相手に触れる"といった、身体の接触を表す意味と、"心を通わせる"というような、目には見えない心の交わりについて表す意味の、二通りの意味がある。身体と心の両方の状態を表す言葉である"ふれあう"は近年の感染症の世界的大流行によって、その一方である身体的側面の行為が強く問われている。例えば、握手やハグし合うといった、以前であれば日常の挨拶時によく行われていた行為が今では気楽に行えなくなってしまった。ダンサーである私はより深刻だ。なぜならダンスの多くが他者と場を共にし、身体の接触を伴いながら行うものだからだ。ただ、身体的なふれあいに制限があったこの間、私は、オンライン上や分身ロボットOriHimeとの非接触なダンスを経験したことで、ふれあうことの意味をより深く考えることとなった。そんな私の経験を振り返りながら、改めて、ふれあいについて考えてみたいと思う。

　それは、コロナウィルスによる影響で大学のダンス授業がオンラインに切り替わった時のこと。大学のしょうがい学生支援室から配慮の必要な1年生が、入門演習という2回開講される私のダンスの授業に登録しているとの連絡があった。その学生は、カメラとマイクはオフで、また他の学生と関わるグループワークの時間は退出するが、見学ではなくワークする形で授業に参加したいということだった。

　授業当日、その学生は私のクラスにやって来た。連絡をもらっていた通り、その学生の画面はオフだった。その日、画面をオフのままクラスを受講した学生は、その学生一人だけだった。私はその日、その画面を気に留めながらも、新入生に向けた初めてのオンラインクラスを行うことで精一杯で、その学生に対してはきちんとケアも出来ないまま1回目の授業が終

わった。すると、その日の晩、その学生から授業の感想メールが届いた。そこには最初は緊張していたが時間が経つにつれ自然とリラックスしていったこと、またワークでは最初は苦戦したが知らぬ間に一人笑いながら取り組んでいたことなどが記されていた。画面がオフだったので、記述されていた通りの作業に取り組んだのかどうかは本当のところは分からない。けれど、何気なくみていた画面の向こう側で、そのようなことが起こっていたことを知り、私は素直に嬉しかった。

　次の週、その学生は再びやってきた。そして、その学生の画面だけがこの週もオフだった。しかし2回目のこの日は、そのオフになった画面に対する私の気持ちは、1回目の時とは全く違っていた。その向こう側でこちらには見えない踊りが踊られているかと思うと、オフになっていることが分かっていながらも、ついついその画面を見返す自分がいた。そして、その想いはクラスが進むにつれどんどんと大きなものになっていった。

　授業終了後、その学生からまた授業の感想レポートが届いた。そのレポートには呼吸をしながらの火照り、筋肉に起こった痙攣、様々なワークでの悪戦苦闘からの気づきなどが書かれていて、その授業を受講した他のどの学生よりも事細かに自分の身体に向き合った内容が記されていた。そのレポートを読み進めながら私はその学生のダンスがありありと目に浮かんでくるようだった。この学生はオフになった画面の向こう側で2週に渡ってきちんと授業に取り組み、人知れず見えないダンスを踊っていたのだ。

　言葉は実体ではない。けれど、実体の伴った言葉には血が通い、そんな言葉に触れた後のオフ画面は私にとっては最早見えない画面ではなかった。そこに見えないダンスが立ち上がっていたのだ。私はこの学生とのオフになった画面を挟んでのやり取りから、見えないダンスの存在を教えられた。


　分身ロボット OriHime パイロットであるさえさんと出会ったのは、美学者の伊藤亜紗さんからの紹介だった。分身ロボット OriHime というのは様々な理由で外出することが難しい人がパソコンや iPad などを用いて遠隔で操作することで、そこに「行く」ことを可能にするロボットだ。そのパイロットであるさえさんは外的な光や音のような刺激や精神的なスト

レスが体の症状として出てくる身体表現性障害で、外出が困難な状況と付き合いながら生活をしている。

そんなさえさんと出会ったその年の夏、コロナの感染状況が少し収まっていたこともあり、伊藤亜紗さん共々、横浜で開催されていたヨコハマトリエンナーレ2020 に一緒に行くこととなった。さえさんとはそれまでにオンライン上ではお互いの顔を見ながら交流していたので既に知った間柄ではあったが、その日は初めて OriHime パイロットとしてのさえさんと会う日で、その出会いに私は少し緊張していた。初めて触れた分身ロボットの OriHime は 23 cm サイズのもので（大きいサイズは 120 cm サイズ）、私の両手の手の平に乗るくらいの、とてもコンパクトなものだった。私はそれを恐る恐る両手に乗せながらさえさんと挨拶し、そして展示場を一緒に巡った。OriHime には、そのおでこ部分に丸いカメラが付いている。私はそのカメラ部分を作品に向け、さえさんに作品を鑑賞してもらった。作品を巡り始めた頃は OriHime のカメラと作品との距離や角度を工夫しながら鑑賞してもらっていたのだが、それだけではなかなか捉えにくい触感などの感覚は私の言葉で補足した。更に展示を巡りながら、OriHime のさえさんとの関係にどんどん慣れてきた私は、カメラや言葉でも伝わらない感覚は手の仕草で、更に少し余裕が生まれてくると、OriHime を作品ではなく私の方に向け、私の見た感覚を身体全体で動きながら伝えていた。OriHime の前での身振りを交えての私の伝達を展覧会に訪れていた人たちは訝しげな表情でみていたが、さえさんはそんな私の行為を何だか分かると言って、楽しんでくれた。私がこの日、OriHime に対してこんな風に接していけたのは、OriHime がどんどんとさえさんそのものとして感じられていったからだと思う。

さえさんは伊藤亜紗さんとのインタビュー記事で、OriHime に入ると[★01]遠くから自分の体を動かしているような感じがするのだと語っている。また、Zoom などのオンライン会議システムで人と接する時には感じられない他者との空間共有が OriHime に入っている時にはあるそうで、Ori-Hime がいるところにさえさんの存在もそのままそこに置いてもらっている感じがするのだと。それにしても何故、このような感覚が遠隔でも起こ

るのだろう？　そこには OriHime の首や両手部分が動くといった機能や、また OriHime の形状がそれと接している人に親しみを与えることが影響していることは確かだろう。ただ、それ以上に、その場に行きたい、そこにいる人と触れ合いたいと思うさえさんの気持ちが大きいのではないだろうか。そんな想いと OriHime が結びついた時、空間を超え、また人間、ロボットといった物質性をも超え、その両者がフラットな関係となって繋がるのではないだろうか。あの時、私が OriHime に向かってあれほど夢中になって身体全体を動かし、まるでダンスするかのように楽しく動けたのは、OriHime とさえさん、そしてその両者と私との間に交錯する奇妙なふれあいが存在していたからだと思うのだ。

　見えない画面の向こう側にいる学生との言葉を通したふれあい、また分身ロボット OriHime とのふれあいと同時に生まれるさえさんとの非接触なふれあい、そこには場を共にせずとも、また直接の身体的接触がなくとも心を通じ合わせられる様々なふれあいが存在することを教えてくれる。

　こういった経験を経たからだろうか、私は日課として、3年前に亡くなった両親が祀ってある仏前に向かって毎朝、手を合わせているのだが、今はもういない二人に向けた私の想いは私の身振りを通して必ず二人に届いているだろうし、そんな私の想いに対する両親からの声なき声はこの身にしっかりと届いている実感が以前よりも強くなっている。

　たとえこの世にその一方の姿が存在しなくとも、想いがあれば時間と空間を超え、ふれあうことはきっとできる。

★01｜伊藤亜紗 HP Research さえさん（06.15 2020）より参照。http://asaito.com/research/2020/06/post_71.php

# 「聞く」こと

小野和子

［民話採訪者］

## 民話を「聞く」旅

　幼い日に聞いた民話を覚えていてそれを語る人を探して、宮城県内を中心にあてのない旅をしてきた。数えてみれば50年あまりになる。

　この旅は、出会った人から民話を「聞く」ための旅だったが、この際の「聞く」という営みは、わたしにとってはいつもひとつの闘いであった。民話の語りは、土着の言葉であってこそ味わいを深めるけれど、わたしは宮城県の生まれではなくてはるか岐阜県の飛騨高山を生まれ在所とし、結婚して仙台に落ち着くまでは東京で学生生活を送っていた。そんなわたしが土着の言葉で語られる民話を求めて山の村や海辺の町を訪ねても、おいそれと相手にしてもらえるわけもなく、朝に勇んで出かけても、夕方にはしょんぼりと帰ってくることが多かった。それでも、この歩みを諦めようとしなかったのは、見ず知らずの人たちから掛けられた「情」が、わたしの歩みの傍らにいつもあったからだと思う。

　例えば、山の麓の小さな集落で会ったおばあさんは、その日のバスがもう夕方まで来ないのがわかると、わたしを家に招き入れて昼飯を振る舞ってくださった。ご飯がおいしくて「おいしいですね」というと、「屑米しかないが、餅米を一握りぱらっと入れて炊くと美味しくなるんだよ」といわれた。見ず知らずの旅の者のために、大切な餅米を一握り入れて炊いた白いご飯を振舞ってもらったあの日のことは忘れられない。

## はじめてテープレコーダーを携える

　わたしが歩きはじめた50年あまり前、テープレコーダーは、現在のような小型ではなくて、かなり大きいものだった。それを携えて歩いておられた民話採集者（自身をこのように肩書しておられる）のお供をして歩いたこと

が二度ある。当時、テープは高価なものであったが、語り手の話が横道に逸れると、彼はスイッチをパチッと切り、話が戻るとまたテープを走らせるというやりかただった。スイッチが切られるたびに、わたしはなぜか大切なものが消えていくような気がして、胸がどきどきしたことが忘れられない。こうした便利な器機を持たないわたしは、ノートと筆記用具を持って歩いていたが、ある日、県北の山沿いの集落で、一人のおばあさんから豊かな昔話を聞かせてもらう幸運に恵まれた。

おばあさんは佐藤ヤチヨさんといい、当時89歳であった。家の前の小さな川で茶碗を洗っておられた。近づいて、「子どものころに聞いた昔話を教えてくださいませんか」と、いつもの決まり文句を口にすると、そんなことのために、わざわざ仙台から交通費をかけて来たのかと、からからと笑って「ああ、子どものころはよく聞いたもんだ」といわれる。そのあと、遠い記憶を手繰りよせるようにして、「猿の嫁ご」「お月お星」「糠袋と紅皿」「猿とビッキ」「飯食わぬ嫁ご」「旅の六部」などを語ってもらった。あの時のうれしさと興奮は忘れられない。わたしは必死に鉛筆を走らせた。顔も上げないでただ鉛筆を走らせていたのに、その折のヤチヨさんの表情や手指に残っていた傷跡まで、いまも鮮明に目の奥にあるのが不思議だ。

ヤチヨさんのもとへ3度目に訪問した時だった。わたしははじめてテープレコーダーを持っていった。民話を語ってもらったうれしさがあって、それを正確にとどめたいという気持ちから、肩から下げる型のそれを借りていった。しかしその扱いに慣れていなくて、またスイッチを切るのがこわくて、ずっとつけっぱなしだった。おかげではじめの挨拶から別れを告げるまですべてが記録されていて、いま聞くとその折の臨場感とでもいうべき雰囲気が伝わってくるのは怪我の功名というべきかもしれない。ただ、不思議なことに、その時のヤチヨさんの印象を自分のうちに探ってみると、以前のような鮮明さで蘇ってこないのである。テープレコーダーに気を奪われていたのか、あるいはそれに任せてしまった安心感がわたしの緊張を解いていたのか、いずれにしてもこの体験を通して器機というものの存在の功罪を教えられ、それは器機を扱う際の大きな戒めになった。

## 「聞く」ことは「待つ」こと

　ある日のこと、一本の電話をもらった。その少し前、わたしはタウン誌の声欄に投書をしていた。「民話を記憶しておられるかたがあったら聞かせてください」と書いて投書したのだった。それを読んだという若い男性から「子どもの頃、母によく語ってもらったから、一度、母を訪ねてください」という申し出であった。わたしはうれしくて飛び上がった。

　その人は、栗原市一迫にお住まいの佐藤玲子さんといい、これが縁で、亡くなるまで姉妹のようなつき合いをさせてもらうことになった。玲子さんの家を訪ねると、初孫の赤ちゃんをおんぶして出てこられ、「息子がそんなこといったのすか」と恥じらっておられた。そして、胸を押さえて、「話はここにあるのだけっとも、醸ってこねえんだもの。語られねえ」という。胸のうちに「話」はあるのだけれど、それが熟成してこないということか。玲子さんの「醸ってこねえ」という呟きに、わたしは胸をうたれた。そばで、にこにこして玲子さんとわたしのやりとりを聞いておられた夫の金徳さんが、「話だけ聞いて、「はい、さようなら」っていうのではなくて、この人とじっくりつき合うことだな。そうすれば、自然に話は出てくるから」とうれしいことをいわれる。それからのわたしは大きな顔をして玲子さんの家を頻繁に訪ねて、お昼ご飯をご馳走になったり、どっさりの野菜をもらって帰ったりした。

　玲子さんが語りはじめたのは、金徳さんが60歳という若さで突然に亡くなられてからだった。「握っていたミカンを、ポロッと落としたような……」といって、彼女は掌を広げてその寂寞を語った。そして、からっぽになった掌に握るべきなにかを求めるようにして、民話を語りはじめた。玲子さんの民話が醸ってくるのを待ちながら、聞き手のわたしもまた「聞く力」を醸そうとした時間だったと思う。「聞く」とは、その対象に目をこらして全身で見つめつづけ、発せられる言葉を「待つ」ことなのだということを、わたしは玲子さんから教えられた。その後、百話をこえる豊かな「民話」を玲子さんから聞くことになった。

## 「聞く」場としての「みやぎ民話の学校」

　歩きはじめてから5年がたったころ、一緒に歩きたいという人が集まってきた。その数が5人になったときに、「みやぎ民話の会」と名乗ることにした。そして、聞いた民話を書き留めた「会報」や、それを冊子にした「みやぎ民話の会叢書」を発行すると同時に、語り手から直に民話を「聞く」場として、「みやぎ民話の学校」を設けた。こうした営みを続けるうちに仲間も20人を超えて賑やかになった。

　2011年の夏には7回目の「みやぎ民話の学校」を開く予定で、準備にとりかかろうとした矢先、3月11日の東日本大震災が起きた。その被害の甚大さに、「学校」開催は無理だろうとだれもが考えた時に、被災された海辺の語り手たちから、「形あるものはみな流されたが、胸には民話が残っている」という言葉を聞いた。この言葉を握りしめて、民話の語り手からその被災の体験を語ってもらい、それを「聞く」学校を開きたいと願った。家屋敷と田畑を流され、妻や兄弟などの肉親を失った語り手を訪ねて、その胸の内を語ってほしいと頼んだ日のことをわたしは忘れない。6人の民話の語り手は、この願いをきき入れて、「あの日」を語ることを引き受けてくださった。当日は200人あまりの聴衆が全国からあつまった。6人の被災された民話の語り手による体験話は、すでに民話の語りになっていたのは衝撃だった。聞く者たちへの配慮に満ち、ときには笑いさえまじえてその過酷な体験が語られた。参加者のひとりはその感想のなかで書いていた。「6人のかたの話は悲惨な内容ですら、語り口が民話のようになっていることに驚きました。わたしは、この語りを受け取ることができる聞き手になれたらとせつに思いました」と。

# 物語り

濱口竜介

[映画監督]

　剥き身のままの現実を語ることは、それを語る側にも、受け取る側にも大きな苦痛や負担となる局面は往々にしてあり、単なる「語り」ではない「騙り」が、つまりフィクションへの転換が必要になることがある。そのことを私に教えてくれたのは民話研究者の小野和子さんだ。小野さんには「東北記録映画三部作」(酒井耕・濱口竜介共同監督／2011-13)の第三部『うたうひと』に民話語りを聞き取る聞き手として出演いただいた。40年以上も東北地方の民話を聞き歩いてきた小野さんは映画冒頭近くで、「猿の嫁ご」という民話について語る。民話の粗筋はざっとこうだ。

　山に田を持つ百姓が、田の水やりに苦労をしている。田に水をかけてくれるなら娘をやってもいいと百姓がひとりごちると、そこに猿が現れる。猿はあっという間に田に水をかけてやる。百姓は猿に、娘を嫁にやることを約束する。翌朝、上の娘と真ん中の娘には拒絶されるが、末娘は父の約束したことだからと、山に住む猿のところに嫁に行く。ある日、末娘が父は餅が好きだと言うと、猿は餅をついてそれを父のところに持っていこうと言う。末娘は猿の背に餅の入った臼を結びつけて実家に向かう。その途中で、持っていけば父が喜ぶと言って川端の木の上に咲いた藤の花を指差し、猿に取りに行かせる。しかし猿と臼の重みで木の枝はポッキリと折れて、猿は川に落ちる。猿は嫁を「後家」にしてしまうことを案じる句を詠みながら、川に流され、沈んでいく。末娘は発句を聞いて「ばか猿やぁい。だれぇ、後家になるっけやぁ」と言い放ち、そのまま実家に帰っていく。

　小野さんの見解は、その著書『あいたくて　ききたくて　旅にでる』(PUMPQUAKES, 2019)により詳しく記されている。民話を聞き歩く旅を始めて間もなかった小野さんは、この話を聞いて「猿がかわいそうだね」と語り手の老婆に告げた。「そんなこと考えたことなかった」と答えた語り手は、自身の過去を語り始める。自分が山を越して嫁に来たこと、姑との

折り合いが悪くて実家に逃げ帰りたいと何度となく思ったこと、しかし弟妹の縁談への悪影響を考えて耐え忍んだこと。そして「田に水を引くこと」が山の上に住むような貧乏百姓にとっては死活問題であったということ。小野さんはここまで聞いて、猿は「田の水引きを可能にすることと引き換えに娘を取り上げる」権力者の暗喩である可能性に思い至る。現実において語り手を襲った幾つもの理不尽を、物語のなかの末娘は自力で跳ね返していく。「ばか猿やぁい。だれぇ、後家になるっけゃぁ」と一段と声高に言い放つ語り手の声に彼女が「本当にやりたかったこと」を小野さんは聞き取る。その後も聞き歩きの旅を続けながら、荒唐無稽な民話の根幹にはいつも「切れば血の吹き出すような」生々しい現実があるということの確信を深めてゆく。

　『うたうひと』のための取材をしているとき、小野さんは現代の語り手が聞き手の関心の希薄化に伴って、「語り」を変形させてしまうことに繰り返し危惧を示された。エンターテインメントやメディアの発達した現代において、民話の主な聞き手であった子どもたちはもはや民話に十分な注意を払うことができない。もしくは、民話の展開のある種の不条理に対して、付き合うに足る「リアリティ」を感じることができない。語り手はこの反応を受けて、その関心を取り戻そうと聞き慣れないであろう言葉の説明を加えたり、時には展開や結論そのものを変更してしまうことがある。一見、穏当な対応にも思えるこの状況に対して、小野さんが「お話がかわいそう」と言ったことは強く印象に残っている。口承の民話はただの、現実離れした荒唐無稽な物語ではない。それは体を寄せ、口と耳を寄せて語った身体そのものの記憶であり、その裏には土地や暮らしにまつわる記憶が、つまりは「切れば血の吹き出すような現実」が張りついているのだ。

　「物語り」自体が受け手の関心のありようを織り込みつつ成立していることは、否定しがたい。民話の語り―聞きの場を例に取れば、それを支えているのは聞き手側の関心だと言ってよい。聞き手が語りに対して十分な関心を注ぐことによって、物語世界が「結界」のように語り手と聞き手を包むことになる。逆に関心なきところにこの「場」は立ち現れない。このことは、目の前に受け手がいないような同時的でない「物語り」において

も同様だ。一般論として語り手は、受け手の関心のありようを勘案せずには物語を構築し得ない。このことはほとんど必然的に、物語りのかたちを「因果関係の連鎖」へと導く。「事象Aを受けてBが起こり、Bの結果としてCが生じる」ように因果を連鎖させることで、語り手は受け手の関心が持続するように図る。これらの事象の組み合わせ方次第で、受け手の反応をある程度、調整可能であることもまた否めない。語り手が受け手に応じて「語り方」の変更を試みるのもこのことに由来する。ただ、その変更によって、物語の根であるところの「現実」とのつながりが断たれてしまうのであれば、物語は存在意義を失うことになるだろう。

不条理な現実に直面させられた者は「どうしてこんなことが起きた」と問いかけざるを得ない。何でこんなに苦しいのか。何でそれに耐えなくてはならないのか。なぜ私や、私の愛する人が、特にその苦難を被らなくてはならないのか。この問いかけに答えや解決が与えられることは基本的にはない。このわからなさ＝不条理こそが「物語り」の動因となることがある。不条理は物語のなかで、原因と結果のギャップとして現れもする。荒唐無稽な展開だ。ただ、そのことでかえってある現実を生きることの切実な感覚を物語に与えることがある。因果間のギャップは語りを失敗させる可能性も孕みつつも、それを飛び越えるように、語り手が受け手を誘っているとも言える。その不条理をなお信じ、物語の世界をあらしめるよう。

再び小野さんが『あいたくて～』で語るエピソードを引いてみる。民話を求めて訪れた宮城県の浜辺の村で、小野さんは太平洋戦争におけるガダルカナル島での戦闘の生き残りだと言う老漁師と出会う。「昔話を知りませんか」と尋ねる小野さんに、この男性は自分がガダルカナルで見た夢の話をする。極限的な飢餓状況のなかで、食料を巡って起こる仲間割れにも疲れた男性は翌日の戦闘で死ぬことを覚悟する。その夜、夢の中で祖母が出てきて、男性に大福餅を腹いっぱい食わせてくれた。その夢はそれから毎晩続いた。朝起きても腹が満たされ、力も漲った老人は、仲間を助け、戦闘にも生き残って、郷里へと帰ってこれたのだと言う。老人は小野さんの顔をのぞき込んで「あんたはおれの話を信ずるか。信ずるなら昔話も語るよ」と言った。小野さんは「信じます。信じます」と答える。

　先祖からわたしたちが受け継いでいる民話の一つひとつだって、もしかしたら、のっぴきならない現実に追い込まれたときに、そこを切り抜けていくために生み出された「あり得ない」物語の群れなのではないかと、わたしは考えてきた。夢でおばんつぁんに一週間も大福餅を食べさせてもらったという出来事は、戦友同士が殺し合うむごい地獄を見た人だけの「もうひとつの世界」なのではないか。

　そこから生き延びて帰還した人が、くぐってきた地獄から抜け出すための、さらにこれからをこの浜で生きるための、描かずにはいられなかった「もうひとつの世界」の真実なのかもしれない。自分が生きるために必要であった物語の構築が、そこにこそあるのだと言ってよいのかもしれない。

　老漁師さんが語るその姿に、わたしは民話というものが生まれた瞬間に立ち会っているのではないかという気持ちになった。（『あいたくて　きたくて　旅にでる』314-315 頁）


　大福餅の夢が、現実に腹を満たすことは不条理である。しかし、この不条理は老人にとって必要な物語であった。不条理が物語と受け手との関係を断ち切るように働くことは確かにある。関心が完全に失われてしまえば、物語はこの世で居場所を失ってしまう。そのとき語りの形を変えることも一つの方法だ。しかし、変えてしまった途端にその物語が存在理由を失ってしまうのだとすれば、語り手がなすべきことは受け手のインスタントな納得を求めて「説明」を行い、このギャップを因果で埋めることではない。ある覚悟を持つことだ。自分が語るべき物語を語ること。生き血の通った「現実」と「物語」を切り離さないこと。一方で、小野さんの挿話は物語に対して、受け手ができることを明瞭に示している。語り手の覚悟に見合うような切実な関心を寄せること。この覚悟と関心の出会う物語空間においては、活き活きとした相互作用がつくりだされ、物語は常に「いま現在」として体験される。それは、現実においても容易には得られないような充実した「生」の感覚を間断なく、語り手と聞き手の双方に与える。その感覚が、私たちがこの世界で物語を求める理由でもある。

# 記録と想起

香川檀

［表象文化論、武蔵大学］

　かつて、第二次世界大戦中に行われたユダヤ人大量虐殺（ホロコースト）の記録写真をめぐって、どんな記録映像も想像を絶するその事実に迫ることは不可能であるという批判があがった。世に言う「ホロコーストの表象不可能性」である。一方、大規模な自然災害についても、人災と天災という違いはあるものの、統計的数字だけでは辿り着けない、理解や認識を超えた災厄である点で、これと重なる部分があるのではないか。東日本大震災はまちがいなく、そうした想像を絶した出来事であった。そのとき人は、いったい何をどう記録すればよいのか、という問いにぶつかる。一瞬にして変貌してしまった日常生活、破壊の爪痕、支え合う市民たちの振る舞い、そして復興という名のあらたな変貌──。どこに対してカメラやマイクを向けていくのか、関わり方を手探りでもとめながらの記録の作業がはじまる。記録者自身、被災の当事者であるなしに拘らず、周囲の圧倒的な状況に呑み込まれている。そんななかで一人ひとりが想起の縁（よすが）としてようやく捕まえ、あるいはもぎ取った現実の断片は、出来事のひとこまをストレートに示すものである以上に、ある種の揺らぎをおびていて、かえって見えない裏側や余白の存在をありありと感じさせる。そのような記録をあつめたアーカイヴは、ミクロな記憶の集積として、先の「表象不可能性」の禁令に抗うような表現力を秘めているように思える。「3 がつ 11 にちをわすれないためにセンター（わすれン！）」に寄せられたドキュメントは、まさにそうしたものとして見ることができる。

　震災から間もない時期に制作された 3 つの記録作品を見てみよう。《車載映像　2011.3.27　仙台─塩釜─仙台港─仙台》（図）は震災直後の街中を車で走りまわり、助手席にのせたカメラで路上と周囲の景色をひたすら撮り収めた動画である。当人いわく「カメラの存在が……現実を客観視する手助けをしてくれ」ることで、精神的に楽になったのだという。撮影者は少

なからず動転し取り乱し、しゃにむに走らなければいられないのに対し、レンズの客観性は視野に入るものを片端からすべて平然かつ淡々と記録していく。そこには記録する者が意図しない、偶然的だが意味深長なものが写り込んでくる。別の映像《どうか記憶よ離れないで》は、震災の数か月後から瓦礫のなかに入って無残な光景を黙々と撮影して歩いたものだが、あてどなく視線がさまよい、よろけて手元がぶれ、偶然に写り込んだ撮影者本人の影が画面を攪乱する。狙い澄ましたショットにはない臨場感があるのだ。また、震災直後の街で撮影した写真シリーズ《3.11 東日本大震災後の仙台市内の扉の景色》は、被災後にライフラインの止まった同市内で、商店の店頭に掲示された貼り紙を記録したもの。「おべんとうあります」「トイレ・水道　使えます」といった簡潔な情報提供から、「前へ進もう、がんばりましょう！」といったメッセージも見られる。商店街で見かけたささやかな風景を生活者の目線で集めたものであるが、切り詰めた短いテクストには大規模災害の被災地にいっとき出現する助け合いの理想郷、いわゆる「災害ユートピア」的な連帯感が窺え、しかも扉の内側にいる人の息遣いをありありと感じさせる。これら3つの記録は、いずれも客観的情

《車載映像 2011.3.27　仙台―塩釜―仙台港―仙台》(木村グレゴリオ／2011 年)

報としての透明なドキュメントとは少しちがう。災害の記録としては周縁的で個別的で、もしかすると行き当たりばったりの偶然的なものという印象を持たれるかもしれない。けれども、ブレたり曖昧だったり偶然のものが紛れ込んでいたりすることで、不透明ななにかが状況をするどく意識させ、かえって観る者の心に迫る証言性をもってくるのだ。

　こうした記録画像のもつ屈折した意味に関心をもったのが、1970 年頃から欧米で現れた一群のアーティストたちである。写真や映像によって行為や現象を記録していくことから始めた彼らは、身の回りの日常的な経験に意味を与えるためにこれをアート作品としていった。たとえばカナダのジェフ・ウォールは、車を走らせながらフロントガラスとミラーをとおして目にする風景を写真に撮影し、外の世界と自分との乖離を暗示するテクストを添えて旅行記的な本《景観の手引き》(1970 年)をつくった。あくまで個人的な着想による行為のなかで、記録のツールである写真機やヴィデオカメラ、そしてフィルムのもつ限界というものも意識され、さらには対象にどこまでアクセスできるか、被写体とどのような関係をとり結ぶか、といった社会的関係についての自己反省も生まれていった。[★01]こうして、経験の記録がその行為と記録媒体についての省察を含んだ「メタ記録」になったのである。いわゆるアートとして造り込んだものでない、このような"素"の記録にちかい現代アートに照らしてみるとき、市民による「わすれン！」アーカイヴのもつ表現性が見えてくる。ここでは記録し想起していくなかで、撮影者の意図を超えた不透明なものがたちあがり、いわば「脱主観的な表現」が生まれているのだ。

　歴史事象を記録してその痕跡を解読することについて、イタリアの思想家カルロ・ギンズブルグがおもしろいことを言っている。過去の出来事を知るための、ある認識論的モデルの系譜を描きだした著作のなかで、人間の思考のありようを、獲物を追う狩人のそれに喩えているのだ。


　　人は何千年もの間、狩人だった。そしていくたびも獲物を追跡するうちに、泥に刻まれた足跡や、折れた枝、糞のちらばりぐあい、一房の体毛、からまりあった羽毛、かすかに残る臭いなどから、獲物の姿や動き

を推測することを学んだ。人は絹糸のように微細な痕跡を嗅ぎつけ、記録し、解釈し、分類することを覚えた。[★02]

　この狩人が追いかける獲物とは、歴史の裏側であり、出来事の内実である。通り過ぎていったものの爪痕を、記録者は手と目の届く経験世界のなかで拾い集め、そこから見えない全体、語りえない状況を推論する。そうして集めた断片的な痕跡は、一つひとつは決定的な証拠とはいえないほど取るに足らない不透明なものであるけれども、暗示的に総体（深みにある真実）を直観させる。そのような屈折をはらんだ記録資料を、ギンズブルグは「徴候」と呼んだのである。彼がこのとき念頭に置いていたのは、歴史的証言としての文字史料なのだが、同様のことは写真や映像といったイメージによる記録についてもあてはまる。カメラが撮り収めた情報には、実証的な目撃証言であることを超えて、内部になにか不透明なもの、状況の痕跡とでもいったものが刻みこまれているからだ。

　「わすれン！」に寄せられたドキュメントたちは、記録することをつうじて未知のものまでも捕捉する「徴候」の表現となっている。そんなアーカイヴを閲覧するわたしたちは、出来事の内奥にあるもの、言葉にできない経験の余白といったものを推論的に察知する、想起の作業に赴くのである。

---

★01｜トニー・ゴドフリー『コンセプチュアル・アート』（木幡和枝訳、岩波書店、2001）、303-311頁。
★02｜カルロ・ギンズブルグ『神話・寓意・徴候』第5章「徴候──推論的の根源」（竹山博英訳、せりか書房、1988）、189頁。

# 人を撮る

## カメラを向けるまで、その後に

小森はるか

［映像作家、一般社団法人 NOOK］

　カメラを通してでしか見えない世界との出会いは、偶然も味方してくれて突然に導かれていくものだ。ビデオカメラのファインダーを覗くと、目の前にいる他者の、その人が息をしている「いまここ」の時間が動き出す時がある。頭で考えるより先に、どこにカメラを置くべきか、いつまで撮り続けるべきか、向こう側から教えられる。その世界に入っていくことができた時、撮る術を少しずつ身体が覚えていく。しかし、この没入に足を掬われ、ある一線を踏み越えてしまう時もある。気をつけようと意識しながらも、いい撮影ができていると実感する時ほど「カメラを向ける」という態度を見失っていたりする。人を撮りたいという欲望を持ち続けてきた私は、その分、たくさんの失敗を重ねてきた。編集作業においては、他者をどのように映すのか、撮れた素材を作品として引き受けるための選択と判断に時間がかけられる。それでも誤ることは多々あるが、完成したらこの先ずっと付き合い続けていく覚悟を持って、作品を手離している。ただ撮影時に起きたことは、たとえ作品内で見せなかったとしても、ずっと心の深いところに残っていくものだと気づいた。私は気づくことがないまま、相手の方の心の中に残っているものもあるだろう。あの時、あの瞬間を撮ってしまった引っかかりが、また別の撮影をしている時ほどふいに思い出され、いま何にカメラを向けようとしているのか、立ち止まるきっかけを与えてくれている。

　それはたとえばこんな経験である。ある年の3月11日、私は長く撮影させてもらっている方と一緒に行動していて、その日もカメラを回していた。車での移動中、14時46分の黙祷のサイレンがエンジン音に混じって車内に聴こえてきた。祈るはずだった地点にいることが間に合わなかったのだ。その方はサイレンに気づくと、窓越しに見えない海の方角を黙って

見つめた。目には涙が込み上げている。私はサイレンが鳴る前から回していたカメラを止めず、涙だとわかるくらいにズームをした。太陽の光が強く、窓は真っ白に飛んでいて、ガタガタと道を走り続ける揺れの中、動かない横顔を撮り続けていた。目的地に着くと、勢いよくドアを開け、その方は光の中へ飛び出していった。言葉にならない感情が湧きながら、目の前に流れている時間に美しさを感じて回していて、あの時撮るべきではなかったと考えはじめたのは、後になってからだ。美しいと思ったことへの後ろめたさもありつつ、もっと自分にとっての大きな問題は、カメラを涙に寄せたという一回の操作が、その方と私とのこれまでの関係性を壊しうる行為だと思ったからだった。また、この時間を誰かに見せたいと、どこかで思ってしまったことへの罪悪感もあった。そうではなかったはずの「人を撮る」こと。積み重ねてさえ、踏み誤る時があると痛切に思った。ズームをする操作は、画角を調整しているのか、何かに寄る行為なのか。間違えた手の感覚は消えることなく残っている。

　カメラを扱っていて不思議に思うのは、見るという態度は目と耳と頭と心が動いているのに、その画面は、反射的に身体が動けるかとか、カメラを操作する手先の動かしかたによって大きく左右されることだ。見ることと動くことが嚙み合っているかどうか。録画ボタンを押したり止めたりして、はじまりと終わりを決めているなんて、こんな簡単でいいのかと思うほどである。もう少し違う身体の動かし方にはなるが、いつまでたっても難しいのは、一日の撮影のはじまりと終わりを決めること。一人での撮影は、最初からカメラをかついで会いにいくわけではないので、おしゃべりをしているどこかのタイミングで、相手を前にして、ごそごそとカメラを取り出し準備を始めなければならない。これが苦手だ。「今日何撮るの？」と聞かれてドキッとしたり、あえて何も言われなかったり。躊躇しているうちに撮り損ねる日もあるし、準備しているのをなんとなく待ってくれているように感じられる日もある。撮影が一回きりか何年も続けているかによらず、毎回さまざま。そして、受け入れてくれても、撮られることを喜ばしく思う人はいない。

相手から撮影のやめ時を告げられることもあった。その日は、年に一度
のある集まりで、夜の食事会の後にみんなで一人の年配の方を囲んで昔語
りを聞いていた。思い出話に花が咲き、聞く人たちもとってもいい顔をさ
れていた。私は輪の少し外側から、静かに撮影を始める。しばらくして、
語っていた方が突然話を止め「もう撮影は終わりにしなさい。この場が嘘
になってしまうよ」と言った。忘れられない一言だ。本当に幸せな時間を
台無しにしたのだが、ある時までは、撮影していることに気づきながらも
語りをやめずにいてくれたのだとも思えた。勝手な解釈だが、嘘になるか、
ならないか、その方には線引きがあるように思えて、全部を撮るものでな
いぞ、と教わった気がしている。また別の場面で、「もうカメラが疲れたっ
て言ってるよ」と言った方がいた。確かにいつまで撮ればいいのか私は
見失っていて、そのやめさせ方もプロだなと思うのだけれど、カメラを受
け入れてくれている方ほど、今日はもう十分撮った、撮らせた、の引き際
をよく知っている。

　他者にカメラを向ける、その距離のとりかたを教えてくれるのはいつも
撮らせてくれる方だ。見ているつもりが、見られていたのは自分だった。
思わぬところから視線を投げ返される時、簡単に映らないものをようやく
作り手が摑み始めていくのではないか。私が陸前高田で暮らしながら記録
をする日々を始めて、最初につまずいたのは人にカメラを向けることがで
きないという壁だった。普通の「日常」の中にこそ、一人ひとりに突然降
りかかった喪失の大きさを知っていく。見えないけれど、ともに生きてい
る人たちの存在が、記憶や風景の中に息づいているのを感じていく。こん
な風にあの日からの暮らしが続いているのを忘れたくないと思った。しか
し、日常の延長線上で出会えた人たちとの関係性にカメラを持ち込むこと
は、被災した人として眼差しを向けることへと転じてしまうのではないか。
それがこわくて、親密になるほど難しくなっていった。思い詰めていたと
き、恩師である小林茂監督から「人の悲しみをカメラで背負おうとしたっ
て、背負えるものではない。あなた自身の生きる喜びとして、映画をつく
っていいんですよ」と、かけてもらった言葉に救われた。他者の悲しみに

寄り添いたい気持ちが邪魔をして、「被災した人」としてどこかでまだ見ていた。自分のこともよく見えていなかった。人を撮りたいという決心がつき、一方向ではない眼差しの往復があること、それが映るものを豊かにしていくことを知っていった。その時画面に定着していくのは、他者とカメラと自分とのあいだにある適切な距離だと思う。分からないという距離、見えないという距離。それでも同じ空間にいて、同じ時を過ごしているうちに、他者の「いまここ」に生きている時間に導かれていくのではないかと思う。

　人を撮りたいという欲望がなぜこんなにも湧いて止まないのか。自分でもよく説明のつかない好奇心や、幸福を感じることに、葛藤しながらも向き合い続けようと思うのは、いつか撮らせてもらった土地に、記録を返したいという気持ちがあるからかもしれない。そんな欲望にも支えられている。作品は作品として、できるだけ遠くの、同時代に生きている見知らぬ人に届いてほしいと思う。けれどその役割とは別に、カメラで映された他者の時間には、いつか帰るべき場所があるような気がしている。これは地元で上映会をやれば済むとか、そういうこととも違うし、どう実現するのかもわからないのだが、その人が生きていた時間が、ずっと先に生まれてくる人の生きる時間と、同じ土地の上で接続するときが来るんじゃないか。映像にはそういう力もあるのではないかと思っている。遠い未来への理想をいだきつつ、いまは目の前にいる人に、出来事に、失敗も含めて、一つ一つ向き合っていこうと思う。

# 市民アーカイブ

## アーキビストなしのアーカイブ

松本篤

［AHA!（Archive for Human Activities／人類の営みのためのアーカイブ）世話人］

### アーカイブの新しい潮流

近年、「コミュニティ・アーカイブ」とも総称される市民参加型アーカイブの諸実践が、世界中で萌芽している[01]。「コミュニティ」の定義は、民族、地域、災害、セクシャル・マイノリティ、自助グループなど、取り組みによってかなり異なる。「アーカイブ」の対象も、映像や写真、ポスターや手紙、聞き書き・口述史など、形の有るものから無いものまで多岐に渡る。それぞれ固有のコミュニティと、そのコミュニティの関心に基づいた多様なアーカイブの取り組みが、今まさに世界規模で稼働中だ。

これらの活況の背景には、異なる2つの要因の強い結びつきが指摘できる。一方に、インターネットや携帯端末機器の絶え間なき革新や、ソーシャル・メディア・サービスの飛躍的な普及（技術的要因）。もう一方に、グローバリゼーションの進展とともに顕在化するローカルなもの、マイナーなもの、パーソナルなものに帯びる価値を、緩やかな連帯をとおして分かち合おうとする機運の高まり（社会的要因）。コミュニティ・アーカイブは、技術的なものと社会的なものが激しく共振する私たちの〈暮らしの場〉を起点に、各地で胎動している。

アーカイブを作ることはもはや、「アーキビスト」と呼ばれる専門家のみに限られた営みではない。従来のアーカイブの構築のほとんどは、高邁な使命と公的な予算を有した一部の専門機関によってのみ牽引されてきた。アーカイブは貴重な資料を次代に残すという秩序の下に厳正に管理され、アーキビストの知識や技術もその枠組みの中で連綿と培われていった。しかし、アーカイブを作り、使うことが、ひろく市民にも開かれつつある現在、その担い手は専門家だけの仕事ではなくなっている。伝統的な理論と実践の周縁に置かれた"アーキビストなしのアーカイブ"は、これまでの

アーカイブのあり方を大きく刷新する力を秘めている。

### 出会いを組織化する

　コミュニティ・アーカイブは、さまざまな出会いを創出する。人類学者のスターは、インフラストラクチャーという概念を「事物を"図"となり"地"となりながら、さまざまな活動を部分的に結びつける[02]」装置と位置付けている。彼女曰く、「料理人にとって台所の配管網は、調理のための基盤であり彼らの活動の前提に埋め込まれている。しかし修理工にとっては、建物の修繕を行うための対象であり意識的に働きかけるものになる」。すなわち、情報インフラストラクチャーとしてのアーカイブは、別々の物事が遭遇するつなぎ目であり、かつ、つながった物事の関係を可視化するインターフェイスになるのだ。

　例えば、コミュニティ・アーカイブは、アーカイブの作り手と使い手の出会いの場を提供する。制作者にとってのアーカイブは、使用者の創造行為を促すための〈デザインの対象〉となる。また、使用者にとっては知的創造を生み出す〈基盤〉となる。従来、市民は、専門家から提示されたものを批判的に解釈するという、価値の受容過程においてのみ創造的であった。しかし、現在進行するアーカイブにおいて、市民は、価値の生成過程においても創造性や批評性を発揮することが可能になった。コミュニティ・アーカイブの実践は、作ることと使うことをその深い部分で連結させる抜け穴のような役割を果たしている。

　例えば、コミュニティ・アーカイブは、作り手と使い手の邂逅の場にモノ（資料）を介在させる。従来のアーカイブでは、あらかじめ価値を認められたモノをいかに保存するかという問題が扱われてきた。しかし、コミュニティ・アーカイブの実践の多くは、収集・保存・活用のフローを通じて、当初は「価値がない」と見なされていたモノが、人との相互の働きかけの中で価値が紡がれていく「資源化」の実践である。人とモノは、ともに働きながら、モノを価値あるものにしていく。このとき重要なことは、人とモノという〈区分の差異〉ではない。着目すべきは、媒介と媒体といった〈状態の差異〉である。インゴルドが言うように「私たちが生きる世界は、

主体（subject）と対象（object）から成り立っているのではない。問題は、むしろ「投げ出された（-ject）」ことの方にある」。人とモノは“メディア”となって、あるときはイメージを運ぶ柔らかな媒介となり、またあるときはイメージを留める固い媒体となる。

## 人とモノが協働する場所

　市民参加型アーカイブの活性化は、アーカイブに関するこれまでの専門知に揺さぶりをかけていく。まずは、モノの所有のあり方について。博物館や美術館などの収蔵庫には、価値を認められたモノが一所に集められている。そこには、コミュニティ・アーカイブの資源化のプロセスに不可欠な〈人〉が不在だ。モノは人との関わり合いを切り結んでいくことで、はじめて価値化されていく。すべての価値はおしなべて関係的なのである。一度切断された人との取り結びを再リンクさせるため、モノはコミュニティ・アーカイブの起点である〈暮らしの場（living）〉に還る必要がある。

　次に、情報のあり方について。収蔵庫に仕舞われていたモノは、アーカイブの外部に還されることでさまざまな人と結びつき始め、凡百のイメー

市民から提供された約50年前の商店街の写真を、同じ場所で開催された夜祭にて筆者がスライド上映する様子（京都府舞鶴市、2015、撮影：久保田美生）

ジを生成し始める。それに伴い、モノの情報は恒常的に変化を伴いながら絶えず更新を繰り返す。情報はこのとき、動きや揺らぎによってはじめて現れるパフォーマティブな存在として捉え直されていく。換言すればそれは、誰かの記録が他の誰かの記録にもなり得るという契機が開かれることだ。自己の中に自己以外の存在を認めること、みずからの内に他者の存在を育てあげていく発露が生じるのだ。

　最後に、創造性のあり方について。コミュニティ・アーカイブの実践は、さまざまな関係を人やモノに畳み込み、時間と空間を超えたところで再びその関係を展開させる。人とモノの活性化（再活性化）である。その場には、高度なクリエイティビティが宿る。すなわち、コミュニティ・アーカイブの現場における「アート」という言葉は、芸術の分野や領域を名指す用語としてよりも、技能や方法を示す術語として在り始める。コミュニティ・アーカイブという営為は、専門知を〈日々の暮らし〉の枠組みの中に再配置させ、最適化させる蘇生装置なのだ。

　市民が参加するアーカイブ実践の機運が高まりつつある現在、この新しい動向は、従来の方法や視座を超えるためのアイデアを私たちに与えてくれる。見慣れた日常は、知の再編成の場として非日常化していく。

★ 01 ｜ Jeannette Bastian & Ben Alexander eds., *Community Archives*, Facet Publishing, 2009.

★ 02 ｜ Star, Susan, "The ethnography of infrastructure", *American Behavioral Scientist*, No. 43(3): 377-391, 1999.

★ 03 ｜ティム・インゴルド、野中哲士訳「つくることのテクスティリティ」『思想』1044 号（2011 年 4 月）、187-206 頁。

# 都市の土着性

豊嶋純一

［NPO 法人都市デザインワークス・まちづくり部・地域探検隊 -TTT-］

## トポフィリア＝場所への愛着

「なぜ貧しいのか。それは、家という常識にからめとられているからだ」[★01]

　流行り病のために家から出づらい日々が続いている。それでも物流と通信に支えられた現代にあっては、都市に寄り付かずとも暮らしが営めている、そんな錯覚に惑わされる。食事の宅配サービスの種類が豊富な都市に愛着があるのか、それとも家への執着なのか。本稿では、「都市」を、都市と都市の間にある「郊外」との対立軸には置かず、「家（プライベート空間）」ではない部分の集合体として捉え、仙台という具体例を通じて、一見、相容れないとさえ感じられる、「都市」と「土着」というテーマについて考察する。

　まず、〈土着〉という概念をあらためて考えたい。この概念は、東日本大震災からの復興において特に注目され、様々な議論がなされてきた。津波による浸水が及ばない位置に古くからある神社や、その土地の地名のルーツを探ると水に由来するといった、現代人が見落としがちな古の知恵が注目され、土地への定住を見直すきっかけともなった。あるいは、新たに土地が造成される中で、どの被災地も同じような団地にならないよう、その地域の人たちが大事にしたい景色や素材を用いて、復興するまちに個性を作り出すべきだという議論もなされた。

　しかし客観的な議論として「土着しやすさ」を考えるだけでは十分ではないだろう。たとえ住まいを移さざるを得ない状況であっても、その土地を離れたくないという、それぞれの人が抱く「心情」の部分を捉えることも必要である。その上でその心情を生んでいる、まちの構成要素に目を向けることこそが重要ではないだろうか。

ここで筆者の頭の中に、人間と環境の情緒的な結びつきを表現する概念「トポフィリア」が思い浮かんだ。フランスの科学哲学者ガストン・バシュラール(1884-1962)が、幸福な空間のイメージに対する概念をトポフィリと名付け、それを中国生まれの地理学者イーフー・トゥアン(1930-2022)が、トポフィリアと英語化し、後の著書で提示した。聞きなれない造語であるため、語源を辿っておこう。

場所または論点を意味するギリシャ語のトポス(τόπος)と、嗜好や性愛を意味するギリシャ語のフィリア(φιλία)を合成している。したがってトポフィリアは「場所への愛着」を、拡大解釈すれば「保存原理主義」も、表すことになる。トゥアンは著書の中で人間が探求したいと思う、より良い場所として、豊かな田園や人間的な隣近所とならび「精神を高めることのできる都市」★02 を挙げている。そして、知覚・文化がその土地の環境と呼応関係にあることで、人間の精神を高める「場所への愛着」の例を、アメリカのロサンゼルスや中国の長安・杭州に見出している。

## 土着可能性都市・仙台

それでは仙台という都市を例にとったときに、その「場所への愛着」は、いかにして生まれてくるのであろうか。筆者が仙台に住み始め、干支がひと回りして感じるのは、この街には土地に執着せずとも、土着でき得る普遍性があるということである。

筆者は仙台の街なかにある多種多様なオープンスペースのポテンシャルを、友人・知人と分かち合おうと、2013年から月1回のピクニックを呼びかけ、持ち寄り路上昼食会を開いてきた。50回ちかくの回数を、ほぼ無許可でこなしてきたが、制止されることはほとんどなく、なんとも寛容な都市だと思えた。街のうんちくを伝えるツアーも、同様に受け入れられた。これらの経験から言うと、30人に満たない集まりであれば、群衆とは認識されず、公園・街路や建築の設計基準に共通する、余剰スペースの規模感とも馴染むようだ。ゆとりある空間での行為の自由さ、自分なりの関係性の範囲内で活動を収められる安堵感を、筆者は幸運にも脅かされなかっただけなのかもしれない。だがより過密な大都市であれば、団体行動

には周到な事前準備が求められ、逆に小規模だが人間関係が濃密な地域となると、全員参加を前提に様々な活動を組み立てなくてはいけないかもしれない。

　すなわち仙台という都市は、適度な濃密さと規模感を持っており、自由性と安全性を担保する場所が豊富であると言えるのではないだろうか。それゆえ仙台は、人が安堵感や安心感、「ここにいてもいい」と許されている感覚を持ちやすい都市である。そのような感覚によって、人が自ら「土着できる」、「土着が可能である」と考えやすい都市。仙台のみならずそのような都市を、〈土着可能性都市〉と呼べないだろうか。

## 象徴としての「一番町」

　最後に、仙台という都市を象徴する「一番町」に触れておきたい。一番町は日本一の高さを誇るアーケード街で、仙台七夕まつりの吹き流し飾りのために空間が確保されている。東北随一の繁華街ということだけあって、ヨーロッパの聖堂を彷彿とさせる立派な屋根がかかり、日々、多くの人が行き交う様子を見ると、地方都市に襲いかかるシャッター商店街のレッテルとは無縁と言っていい。日本一長い大阪の天神橋筋商店街に遠く及ばないものの、一番町の名を冠したアーケード街の端から端までは約1kmの

アーケードが交差する一番町の商店街

長さになり、最も特徴的なのが住居表示にも名称が使われている点で、一番町一丁目から四丁目までの総面積は 44.6 ha で、およそ東京ドーム 10 個分の広さがある。

　実際にアーケード街を歩くと、エリアごとにデザインが異なり、大小さまざまな彫刻・モニュメントが施され、筆者は自然と気持ちが陽気になる。小気味のいいアートや意匠は、街の風景の一部として、人々の往来のなかに位置づいているのだ。そして、路上のパフォーマンスと人々とのやりとりからみえてくる、楽都仙台や劇都仙台のシティセールス展開、それから署名や啓蒙のアピール活動の場としても、一番町は外せない。繁華街であるため、横丁にある老舗店、あまり人に教えたくない銘店も、一番町という立地を選んでいる。それでいて裏通りには、ピクニックするのに最適な公開空地が、垂直方向にそびえ立つ高層ビルの足元に広がる。極めつけは、アーケード街の北の延長には市民広場、南には東北大学のキャンパス、いずれも自由を象徴する広場に結ばれる。

　多彩な機能と空間を含む一番町という場所に見て取れるような、多様な人を受け入れる、懐の深い在りよう。それが背景となって人は、「都市」を自分の「家」と地続きのものと捉えられ、「土着」に対する意欲・関心が湧くのではないだろうか。同時に、濃密な関係性がつくり出してしまう、執着からくる閉塞感を、おそらく未然に抑えていると思われる。しかし、時代の流れに抗う力は、強い執着心で支えられるのであって、〈土着可能性都市〉は、土着の消滅を見過ごしてしまう、そんな危険性を孕んでいることを付け加えておきたい。

★01｜ヘンリー・ディヴィッド・ソロー『孤独の愉しみ方──森の生活者ソローの叡智』（服部千佳子訳、イースト・プレス、2010）、182 頁。

★02｜イーフー・トゥアン『トポフィリア──人間と環境』（小野有五・阿部一訳、せりか書房、1992）、11 頁。

# 半分ひらく

## 隙間風の吹く小宇宙

長内綾子
［キュレーター、Survivart］

　全部・穴・会館〈ホール〉（以下、ホール）が始まったのは、2011 年 11 月の
ことだ。その年の 3 月に起こった東日本大震災を機に、東北の被災地にボ
ランティアとして通うなかで、以前から交流のあったせんだいメディアテー
ク（以下、メディアテーク）職員の方たちと話し合い、東京から仙台への移
住を決意することとなった。私が家人として住まい、アーティストや映画
監督らが気軽で安価に長期・短期滞在できる場所としてひらくこと、それ
がホール運営の目的である。

　仙台駅から徒歩 20 分ほどの花壇・大手町地区にあるホールは、近隣に
暮らすメディアテーク職員の方が散歩途中に見つけてくれた一軒家で、あ
る日、不動産会社が作成した物件の間取り図がメールで送られてきた。大
学時代に建築を学んでいたこともあり、築年数の表示は無かったものの、
その間取りからかなり古い物件であることがうかがえた。とはいえ、中心
市街地にもメディアテークにも徒歩 15 分程度で行ける立地の一軒家で、
家賃も当時私が住んでいた高円寺のマンションよりも安いとなれば、なか
なかの掘り出し物であろうということで契約を決めた。

　道路に面した隣家脇の小道を進むと、奥にひっそりと佇む築 40 年以上
の古民家。こう書くと、なかなかの趣ある物件を想像しがちだろうが、引
っ越し当日に初めて物件を目の当たりにした感想はといえば、「うわっ！
変な虫が出そう！　押し入れにカビが生えてそう！」である。ただ、幸い
にも浴室が新しくリフォーム済みで、想像していた昔ながらのタイル張り
ではなかったことで、だいぶ救われた気持ちになったことを思い出す。

　まずは、具体的な間取りを説明しておこう。玄関を上がると長い縁側が
あり、そこからまず隣接する 6 畳の和室がある。6 畳和室の左手の襖越し
には 8 畳の和室、右手には 4.5 畳の洋室があり、その先にキッチンやトイ
レ、洗面、浴室がある。そして、キッチンには 2 階への階段があり、2 階

へ上がると4.5畳の部屋を合体させた9畳の洋室があった。この2階の1室を私のプライベート空間として活用することとし、1階は全て滞在者との共有空間として使うという方針を立てた。

　最初の1週間は、とにかく朝から晩まで掃除に明け暮れ、複数人で生活するのに必要な道具や家具類を揃えることに追われていたのだが、半月ほど経った頃、以前から知り合いのアーティストである藤井光さんが奥様と生後6か月の息子さんを連れてホールにやってきた。藤井さんは当時、東日本大震災の津波被災した青森から千葉までの沿岸部をパノラマ映像で撮影するというプロジェクトをメディアテークから依頼されており、その長期活動の拠点としてホールに一家で滞在することになったのだ。そうして、藤井一家との約3か月にわたる共同生活がスタートしたのだが、この経験を経たことで、滞在される方たちやホールに来る方たちと私自身の付き合い方が見えてきたように思う。

　ホールで初めての新年を迎えたあと、文化庁メディア芸術祭の地方巡回展のため、これまた以前から交流のあったアーティストの田村友一郎さんが来仙することを知り、それならば藤井さんもいることだし「ホールで何かイベントでもしませんか」とお声がけをして、過去作品の上映とトークを行った。途中、タイに住むアーティストとSkypeでの中継もあり、なんともカオスなイベントとなったのだが、メディアテーク職員だけでなく、知り合ってまだ日の浅い仙台のアート関係者の方も来場してくれ、ホールを滞在目的以外で活用することの面白さを感じられるものとなった。ところで、震災前までは、地元で活動するアート関係者とメディアテークはあまり深い関係を築いておられなかったようで、ホールでの出会い（つまりは飲み

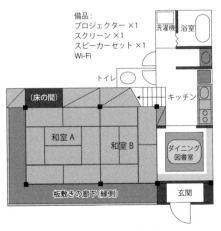

備品：
プロジェクター ×1
スクリーン ×1
スピーカーセット ×1
Wi-Fi

洗濯機　浴室

トイレ

（床の間）　　キッチン

和室A　和室B　ダイニング 図書室

板敷きの廊下（縁側）　玄関

ホールの間取り図（1F）

会)を機に、その後さまざまな連携・協働事業が生まれることとなったといっても過言ではない。

　以降も 2015 年頃までは、仙台を訪れる旧知のアーティストやキュレーターをはじめ、メディアテークの事業で招聘されたアーティストらが次々とやってきては、真夜中まで(ときには朝まで)ホールで濃密で愉快な時間を過ごしていたようだ。

　この「ようだ」と書いたのには理由がある。ホールはただの民家ではあるのだが、(料理が得意な家人の)食事が振る舞われつつ、時間制限のない公民館のように使ってもらえたらと考えていたため、最低限の片付けルールはよく利用する方たちに伝えていた。そうすることで、新たに来る方もまた教えてもらって片付けをする。つまり、私がいなくても最後は必ず片付けられるというシステムを組んでいたので、たいてい午前 0 時を回ると 2 階の自室へと消えるようにしていたのだ。まぁ、消える必要もないのだが、家人がいるとゲストが気を遣うのではと考えてのことだったが、逆に家人がいないからこそ、しっかり片付けねばと思ってもらえていたのではないかとも思う。なので、真夜中にいったいどんな対話が繰り広げられていたのか私は知る由もないが、午前 3 時を過ぎても大爆笑が聞こえてくることもあり、それぞれが充実した時間を過ごしていたのではないかと想像する。

　実際には、翌日に改めて食器を戸棚に入れ直したり、布団をしまい直したり、シーツやタオルを洗濯して掃除機を掛けてゴミをまとめてと、それなりの労働は常につきまとっていたのも事実である。滞在費の基本は、一人 1 泊 500 円、生活に余裕のある人は 1000 円としていたが、この額面だけではやってられないというのが本音であった。それでも、新たな滞在

真夜中の芋煮——ロミオとジュリエットについて
(2013 年 11 月 15 日)

者が来るたびに、私にとっての刺激となっていたことも事実であり、結果的には9年間続けることができた。

この間、滞在した方たちを職種ごとに列挙してみると、アーティスト、映画監督、キュレーター、コーディネーター、ミュージシャン、研究者、パフォーマー、ダンサー、美大／芸大生がその大半を占める。国籍はもちろん日本人がほとんどではあったものの、イギリス、イタリア、フランス、ドイツ、ポーランド、オーストラリア、ニュージーランド、中国、韓国、台湾等からの来客もあり、延べ人数は400名近くだったのではないかと思う。参加者を募っての上映会やトークのほかにも、先に挙げたような飲み会は数えられないほどあったし、アトリエとして使ってもらったこともある。2018年末にメディアテークで、アーティストグループ・ヒスロムの個展「ヒスロム　仮設するヒト」が開催された際には、年末の展示関連イベントに合わせ来仙した方々が続々と押し寄せ、50名以上の人でごった返し、真冬なのに窓を開け放つほどであった。コロナ禍が続く今となっては、考えられない景色である。

もちろん、常に大勢が滞在していたわけではなく、一人だけ、あるいは二人だけということも多かった。そういった時には、滞在者の活動やリサーチ内容に合わせ、行くべき場所や会うべき人を紹介したり、関連しそうな書籍を紹介したりもしていた。一方、彼らが見聞きしてきたことを教えてもらうということも多く、私自身の思考の糧となっていた。

ちなみに、全部・穴・会館〈ホール〉というのは、whole, hole, hall をカタカナ読みすると、いずれもホールとなることに由来する。かの有名な『Whole Earth Catalog』ではないが、この3つのキーワードを並べることで、ちょっとシュールなイメージが想起され、そこで起こるさまざまな出来事を想像し加担してもらえたら、との想いからメディアテーク職員の方とアイディアを出し合い命名したと記憶している。そんな想いがどれだけの人に伝わっていたのかはわからないが、ホールのような場所の必要性を最近またあらためて感じる日々である。遠くない将来、また新たな場をひらいていけたらと考えている。

# カフェのアクティビズム

## 「たまたま」が多発する場

前野久美子
[book cafe 火星の庭 店主]

　「book cafe 火星の庭」は古本屋とカフェが同居している場所である。私が20代の頃、ヨーロッパを旅して出会ったブックカフェを、仙台に作りたいと思いパートナーと二人で始めた。もうすぐ23年になるが、「よくもまぁ」と呆れるくらい様々なことをやってきた。自分たちとしては、「普通の店」をやっているつもりだが、オープンした2000年当初はカフェを併設する書店はまだ珍しく、「変な店」とか「どうして本屋とカフェを一緒にやっているんですか？」などとよく聞かれた。

　「一線を越えた」と思う出来事がある。2015年夏、日米の安保法制を改正しようとする政府の動きに対して国会が紛糾し、国民から大きな反対運動が湧き起こった。ちょうどその頃、おつき合いがある仙台在住の小説家佐伯一麦さんからメールをいただいた。「旧知の作家中沢けいさんから映画『首相官邸の前で』の仙台上映を打診されているが、火星の庭でできないだろうか？」という内容だった。2011年、東日本大震災によって東京電力福島第一原発がメルトダウン事故を起こし、脱原発デモが全国に広がった。この映画は10万人規模となった東京での脱原発デモを追いかけたドキュメンタリー映画である。

　政治色の濃い映画を上映することに一瞬不安がよぎった。しかし、自分が福島県出身者であることに加え、仙台で行われていた「脱原発デモ」にもしばらく通っていたこともあり、気づくと「火星の庭ですぐに上映会を開催しましょう」と返事を送っていた。

　当日は台風上陸により、あいにく土砂降りだった。しかし、店内には溢れるほどの人々が集まった。中沢けいさんと佐伯一麦さん、安全保障関連法案に反対する学生ネットワークのSEALDs TOHOKUのメンバーも駆け付けてくれた。上映後には、本映画の監督である社会学者の小熊英二さんと参加者をネット配信で繋ぎ、活発な質疑応答が行われた。

残念ながら、安保関連法案は強行採決されたが、翌月には、当時まだ営業中だった桜井薬局セントラルホールを一日借り切って上映会を開催し、小熊英二さんと SEALDs TOHOKU のトークライブが実現した。3回上映し、来場者は累計 500 人近くとなり、予想以上の反響となった。

　それからすぐに今度は、「安保関連法に反対する被災三県大学教員有志の会」を立ち上げた東北学院大学の先生方から、「火星の庭で政治と社会について対話をする場をつくらないか」と相談を受けた。しかもシリーズで行いたいという要望だった。

　わたしはどこか捻くれたところがあって、誰もやりそうにないことこそやろうとしてしまう。そして、やると決めた限りは、主体的に動き、責任も火星の庭がとる。

　この「安保カフェ」は、2015 年 10 月から隔週で開催し、毎回テーマが設けられ計 14 回続いた。閉店後の 19 時から 21 時まで火星の庭にはさまざまな人が集まってきた。内容は、東北学院大学、東北大学、尚絅学院大学、宮城学院大学の先生に来ていただき、しっかり講義を聞いた後、後半は参加者全員で意見交換するという贅沢な時間だった。「なぜ社会は左と右に分かれるのか」「なぜ移民問題は他人ごとではないのか」「戦争の倫理〜正しい戦争はありうるか？〜」「原発事故避難者の声を聞く」など、今見ても普遍的なテーマに取り組んだ。

　せんだいメディアテーク(smt)ともこの頃から協働して企画をするようになった。2016 年に施設の枠を超えて市民と共同で大小のアートプロジェクトを創造する「アートノード」が始動すると、パートナーとして声をかけていただき、いくつか企画運営を行った。とくに冒険だったのが、地下鉄東西線の国際センター駅でおこなった「地下鉄 DJ」だ。マルチな活動家で知られる岸野雄一さんをゲストに迎え、地下鉄駅に一夜限りのクラブを出現させた。イベントの終盤は照明を落とし、大音量の中、来場者数十人で踊りまくった。この光景は公と民、ハレとケが取っ払われた瞬間として目に心に焼き付いている。

　そうした smt との関係は、2008 年に有志で始めた Book! Book! Sendai (B!B!S)が土台としてある。10 年以上の活動の中で、smt を会場にたくさん

の本にまつわる企画を実施した。製本教室(2009年)、「いがらしみきおマンガ工場」(2010年)、「ちいさな出版学校」(2013年)、フリーペーパー「Diary」(2014年)の発行など。企画の段階からsmtの担当者と時間をかけて話し合い、積み重ねていくことで、前例にないことが「普通」になっていく手応えを実感できた。

　このように書いていくと、何だか、一貫した思想やアクションへの熱意を備えたお店のように見えてくるが、初めから確固としたビジョンや意図があったわけではない。火星の庭がこのようなカフェになったのは、その場その場の「たまたま」が連続した結果といえる。その上で「たまたま」というのは、すごいことなのではないかと思う。そしてこの「たまたま」が多発することこそが、多様な人と人とが交錯するカフェのアクティビズムの本質なのではないかと。

　アクティビズムを語りうるカフェといえば、20世紀初頭のパリの思想家や芸術家が集った「ロトンド」「ドゥ・マゴ」「カフェ・ド・フロール」をまず思い浮かべる。同じ頃の日本には、相馬愛蔵、黒光夫妻がつくった「中村屋サロン」があった。極め付けはアナキストやダダイストら破天荒な人達が集った「南天堂」だ。1階が書店で2階がカフェなんて理想そのものである。戦後になると1960年代頃には、詩人、演劇人、ヒッピーやフーテンやベ平連(ベトナムに平和を!市民連合の略称)がたむろしていた「新宿風月堂」があった。ライブハウスのまだない1970年代の吉祥寺に、音楽ライブの拠点「ぐゎらん堂」があったと、かつてそこで歌っていたミュージシャンから聞いたことがある。

　時代が激しく変わる境目に、不安と情熱を抱えた人たちが「たまたま」集まって、濃密な時間を過ごす。ときに酔っ払い、夢や社会思想などを好き勝手に話してはそれぞれの持ち場に帰り、疲れ果ててはまたもどってくる。アクティビズムの原点とは、そのような場所だったのではないだろうか。その頃のカフェの店内を想像するだけで、胸が高鳴ってくる。

　2022年の現在、そんな憧れは胸の奥にしまって、今日もお客様が思い

思いに本を眺め、コーヒーを飲みながら読書を楽しんでいただけるよう、静けさを大切にしながらカウンターに立つ。最近は特別何かをしなくても、街のなかに変わらず店があるだけで、十分アクティビズムではないかと思うようになった。

アクティビズムとは何らかの信念、思想を持って、社会変革のために発信したり、行動したりすることだと理解しているが、その行為には世の流れに抗うという意味が含まれている。しかしそれは相対的に見てだから、同じことをしていても世の中が変われば過激な店にもなるし、普通の店にもなる。

これからも、「たまたま」の芽がたくさん生まれるように。そしてその芽が幹となり枝を伸ばし、少しずつタブーを無くしていって、やがて人が安らげる木陰になってくれたらと願う。そもそも本は樹木からできている。

そして、思う。これからの世の中で一番尊いのは「自由」なのではないかと。もしかして、カフェでゆっくりコーヒーを飲むこと、本屋で好きな本を立ち読みしたり、買ったりする行為は、時代が変われば「異常」なことになったり、「禁止」されたりするようなことが起きるかも知れない。普通のことが異常なことにならないように、さらに、政治や社会に対してアクションを起こすといった難しいと思われがちなことが普通になったらいいと思う。それにはありきたりだけど、できることをコツコツと諦めずに続けていくしかない。

この頃は「変な店」と言われることもないから、「普通の店」になったのだと思う。だとしたら、「これって変だよね?」と思われていることを「普通にやってみる」のが、火星の庭の役割のひとつなのかもしれない。

**参考文献**
飯田美樹『カフェから時代は創られる』(クルミド出版、2020)。
中島岳志『中村屋のボース――インド独立運動と近代日本のアジア主義』(白水社、2005)。
増淵敏之『伝説の「サロン」はいかにして生まれたのか――コミュニティという「文化装置」』(イースト・プレス、2020)。
林哲夫『喫茶店の時代』(ちくま文庫、2020)。

# 批評的態度

## 古本屋のノート

高熊洋平

［書本 &cafe magellan 店主］

### 手段とか目的とか、値付けとか

古本屋を開いて 15 年になる。「批評的態度」という言葉で真っ先に思い浮かぶのは、下世話ながら本の買い取りの査定だったり、売価を決める作業だったりする。新刊の本屋さんだったら書評や評論のジャンルを連想するのかもしれない。世間的にはどうなのだろう？「上から目線」なんてイメージが湧いたりするのかしら。

ニュートラルに考えれば「物事を見極めようと吟味すること」というぐらいの含みだろうか。「批評」は英語の「criticism」に当たる。語源を辿れば、古代ギリシア語の「krinein(クリネイン)」にまで遡れるらしい。「分ける、決定する」という意味だ。これに関連して「判断力のある」もしくはそのような人を指す「kritikos(クリティコス)」という言葉もある。[★01]

ビジネスや教育の分野で論じられる「批判的思考(クリティカル・シンキング)」という概念が近いかもしれない。闇雲に結論を急ぐことを戒めて、客観的かつ論理的な解決法を検討するトピックだ。陥りやすい先入観や正しい推論のあり方を知ることができる。生産性を高めたり議論を効果的に進めたり、そんな実用向けの思考が説かれている。[★02]

後悔しないためには重要な能力だ。ことに臨むにあたり「批判的思考」が有用なのは間違いない。さりとて、問題を片づける手段であることだけが「批評的態度」の働きとは言い切れない。

例えば、本に値付けをする場合。言うまでもなく売上を出すことは必須課題だ。何より糊口を凌がねばならない。ところが、実際には利益にもまして他の要因をいくつも踏まえて価格を決めている。お客さんへのメッセージを暗に託したり、本の行く末を推し量ったり。いやむしろ、売る責務さえさしおいて、要因どうしのバランスを取ることそのものにのめり込ん

でしまう節がある。謂わば「批評的態度」が目的化している。ふと我に返ると、たった50円高くするか安くするかで独りしのぎを削っていることも珍しくない。

　なかなか売れないと承知しながら敢えて高めにしたり、逆にもっと値を張っても売れるはずなのに安くしたりすることもある。扱う本の傾向を仄めかすためだ。お客さんによってはそれを嗅ぎ取った上で、贔屓になさる店をお決めになる方も少なくない。またこうしておくと、自ずと店のカラーに合うものが残り、合わないものは早く捌けてゆく。果たして売価の吟味は、間接的ではあれ店の雰囲気を育むことにも繋がりうる。

　あるいは、本の前途を案じて値下げに踏み切れないこともある。廉価なものは当然それなりの扱いしか見込めない。買われた先でいずれは処分されてしまうだろう。他方、それがもし貴重さに見合った値づけだったなら、相応に扱われて再び二次流通に還ってくる可能性が高くなる。大袈裟に言えば、価格には本の命脈も懸かっている。

　売価にはこうした思案が詰まっている。かえって吟味の裏付けがなければ、後に検証のしようもなく張り合いもない。値付けの目的は、単なる価格の決定とは異なり、吟味のプロセスも含まれる。もっとも、夢中になるあまり手が止まってしまうのは困りものだが。

　ともあれ「批評的態度」には、目的と一体になって働く類いもあるといえるだろう。

### 絵とか本とか、デューイとか

　ところで、「批判的思考」の必要性を唱えた先例の一人にジョン・デューイという哲学者がいる。[★03]

　彼もある著述の中で、二つの「批評的態度」と似通った分別を示している。

　一つは科学者タイプ。彼は「解決に安住したりはしない」。「彼が手にいれた解決はさらなる探究に進むための踏み石としてしか利用されることはない」。これは手段としての「批評的態度」と同類だ。[★04]

　もう一つは芸術家タイプ。彼は「作業に用いる質的メディア〔＝絵の具な

との素材]そのもののなかで思考」し、問題を「育て洗練する」。なぜなら解決、すなわち作品の完成を充実させることによって「統合されて一全体となった経験[＝作品の意味・内容]を生き生きと意識に蘇ら」せるためだ。★05
「思考」は制作の痕跡として、作品と一体になってその質を形成する。「思考」を吟味と言い換えれば、目的としての「批評的態度」と看做せるだろう。

　後者にとって「思考」は作品の豊かさに直結している。完成すれば取り外せるような梯子ではない。前者との違いは明白だ。しかし決して排斥し合う関係でもない。というのも、同じプロセスに根ざしているからだ。異なるのはその「強調点」の置き方に過ぎない。科学者だって解法に思い入れを抱けば美的な感情も湧くだろう。

　人が生きるには環境との交渉は避けて通れない。ゆえに摩擦や疑念は宿命であり、ことあるごとに解決が迫られる。「思考」が要請される所以だ。そこで科学者タイプは、一連のプロセスを次なる経験への礎、もしくは通過点と捉える。対して芸術家タイプは、解決の局面にプロセス全体を凝縮して当の経験自体のポテンシャルを引き上げる。

　デューイがいうどちらのタイプも、環境との相互作用が条件であることに変わりはない。思えば値付けも同じだ。お客さんとの交流が前提になっている。顔を思い浮かべながら調整したり、売れ残った結果から価格を見直したり。

　そもそも本棚全体の構成からしてそうだ。古本屋の場合、必ずしも扱いたい本を仕入れられるとは限らない。むしろ、お客さんからの買い取り次第で常に揺らいでいる。基本は大部分が受け身なのだ。もっともそれが醍醐味でもある。自分の価値観だけではまず手にとらなかった本たちと向き合える絶好の機会になるからだ。とてもスリリングな出来事だ。

　そうやって入ってくる本を店頭に並べるというのは、もしかしたら風景に触発された画家が彩管を揮うようなものかもしれない。

　受けとられた感覚が注意深く絵の具に置き換えられるように、自分なりの値踏みや分類を考えて品出しをする。あるいは、まっさらなキャンバスが一概には無垢とはいえないのと同様、店の書架も無色透明ではありえな

い。なにも既に他の本が場所を塞いでいるからではない。先行する作品や歴史がキャンバスに潜在するように、図書館の分類法や新刊本屋さんの棚、あまつさえ Amazon の検索画面などが半透明なレイヤーとなって幾重にも覆っているのだ。それらを掻き分けたり参考にしたりしながら置きどころを決めてゆく。

初手との兼ね合いを探るように次のタッチを載せる。悪目立ちする本は、全体の調和を測りながら抜いてしまうか位置を変える。目が絵の表面を滑るようであれば、塗り重ねて溜めを作るのもよいかもしれない。反対に同じような本ばかりが集中していたら、目次や著者から別のジャンルを探って散らすべきなのかもしれない。

画家が絵の具で「思考」するのであれば、古本屋は本で「思考」する。比喩ではなしに、字義通り本そのもので。ただし、作品は完成させねばならないだろうが、店は本当には完成させるわけにゆかない。何しろまだまだ食いっぱぐれたくはない。せいぜい「批評的態度」を手段なり目的なりとしてうまく使い分けてやってゆく他ないのだろう。

★01｜渡部昇一他編『ことばコンセプト事典』（第一法規出版、1992）、1420 頁。

★02｜グロービス経営大学院『グロービス MBA クリティカル・シンキング［改訂 3 版］』（ダイヤモンド社、2012）。伊勢田哲治他編『科学技術をよく考える――クリティカルシンキング練習帳』（名古屋大学出版会、2013）。

★03｜Dewey, John, *How we think*, D.C.Heath&Company, 1910.

★04｜ジョン・デューイ『経験としての芸術』（栗田修訳、晃洋書房、2010）、15 頁。

★05｜同上。

# 地域文化の小商い

## 今すぐ市民が使えるアーカイブの提供

佐藤正実

[風の時編集部、NPO法人 20 世紀アーカイブ仙台]

### 市民所有の写真が持つ"映像遺産"としての役割

　市民がカメラを所有し始めた昭和 30 年代以降、家族の日常の暮らしや記念日である誕生日や七五三とともに、家族旅行や運動会など身近な行楽地や催し物が記録された。

　近年、地域アーカイブへの関心の高まりとともに、これら市民が撮った写真を収集・保存する機会が増えてきた。家族の大切な想い出とともに写された市井の記録には、当時、人々がどんな暮らしを営んできたのか、まちがどんな姿だったのかが克明に写されており、今では撮影することのできない貴重な"映像遺産"としての役割が認知されてきたからだろう。

　2005 年"仙台の原風景を観る、知る"をテーマに立ち上げた「風の時編集部」、そして 2009 年に 3 社で設立した「NPO 法人 20 世紀アーカイブ仙台」では、市民から多くの写真や 8 ミリフィルムを提供していただき、仙台の地域アーカイブの一翼を担わせていただいている。

### アーカイブのキモは「編集」と「活用」

　アーカイブは「収集」「保存」「編集」「公開」「活用」から成るといわれるが、なかでもアーカイブのキモは「編集」と「活用」であると考えている。

　提供された写真が、いつ、どこで撮影されたのか、どんな記憶があるのかという裏付け情報を付加する「編集」作業を経た後、記録集・Web の製作や写真展、昔の経験や思い出を語り合う回想法、話を聞き記録するオーラルヒストリー、そしてまち歩きに「活用」されることで、過去に写された素材の価値はぐんと高まることになる。たとえ、写真を何百万点所蔵していようとも、使われずに保存されているだけでは、収集していないこ

ととなんら変わりはなく、活用されてこそアーカイブが活きてくる。

　その意味では、NPO法人20世紀アーカイブ仙台とせんだいメディアテークが共同事業として開催した「どこを撮ったのか？」などの情報を市民から集め資料化していく「どこコレ？」は、答えを探すプロセスに「編集」「活用」が組み込まれたユニークな市民参加型プログラムである。

### 「市民講座」「まち歩き」「写真集」で活用する

　風の時編集部では、市民から提供していただいた資料は市民に大いに活用していただきたいという発想から、収集・保存・編集されたアーカイブ資料を元に3つのコンテンツを用意している。

　1つめは小学校や市民センター、町内会などで開催する「市民講座」。

　市民からご提供いただいた写真をベースに、同場所で撮影した現在と過去の今昔定点写真を並べ見せることで、シニア世代はかつてのまちなみや幼い頃の思い出を想起し、子ども世代は過去の姿から新発見を見出す効果がある。

　2つめが「まち歩き」。古写真をもとに普段見慣れた自分たちのまちを多世代が一緒に歩くことで、まちの変化を見つけ、地域に根ざした記憶の掘り起こしと多世代交流、まちの魅力再発見が多層的に生まれることを目的とする。

　そして3つめが、提供していただいた写真をもとに編集・製作した「写真集」。これまで公開してきた写真を含め109枚を再編集してまとめたの

小学3年生に昭和時代の仙台の写真を解説(2021年10月1日)

古写真をもとに地域の人々や小学生が参加したまち歩き(2022年2月6日)

市民が撮った写真をまとめた『仙台クロニクル』

が『仙台クロニクル』(風の時編集部、2020)で、書店、オンラインショップで一般販売している。保存性と一覧性を持つ「本」は長期間の保存にも耐え、ページを開けばいつでも誰でも見ることができ、家族で、職場で、地域でいつでも語り合うことができる優良なメディアであると考えている。

## 公と民のアーカイブ

　これまでも、NPOや民間組織という立場で官公庁と写真や8ミリ映像を協働でアーカイブする事業に関わってきたが、官公庁と協働で行う場合は民間単体で実施する場合に比べ、事業そのものへの信用度は格段に上がるとともに広報力も期待できるというのは大きなメリットである。一方、官公庁の事業遂行上、単年度で事業成果を求められてしまうことも多く、アーカイブを「収集」「保存」「編集」「公開」「活用」という5つのカテゴリーで捉えた場合、これらすべてを1年で実現するのは困難である。

　公と民、それぞれのメリットを活かすために、何枚の素材を集められたかなど、単年で数字の成果が可視化できるインプットの「収集」「保存」は官公庁との協働で行うアーカイブに、そして、数年にまたがり地道に取り組むべきアウトプットである「編集」「公開」「活用」は、民間主導で行うアーカイブにと、役割を分けて考えるべきだろう。

## 地方での小商いと継続したコンテンツの提供

　もうひとつ。公では取り組みにくく、条件が揃えば民の力が活かされることがある。それが、前述した3つのコンテンツ「市民講座」「まち歩き」「写真集」で、いずれも購入や参加などお代をいただく事業である。公金

を使い利益をあげる事業は官公庁にとってはできにくいが、民間の場合は逆に利益を生み出さなければ事業の継続はできない。つまり、民間の立場でアーカイブを「活用」する場合は事業を実施するだけではなく、買っていただける、参加していただけるだけの価値あるコンテンツなのか？ また価格は適正なのか？ とマーケットを意識することになる。

マーケットに受け入れられる適正価格というのは一様ではなく、例えば「写真集」は2000部販売できればヒットと言われる仙台のマーケットで、何冊本を作るか、いくらの価格にするか、部数と単価の設定は毎回悩むところである。風の時編集部では一部企画モノを除いて、写真集の場合は1500部、古地図の場合は1000部製作してペイできる単価を目安にしている。これは、在庫を持たず利益が出るロットで製作した場合に最もコストパフォーマンスが良い部数と単価で、風の時編集部では「商品の在庫は1年、重版なし」を基準としている。

仙台の古写真や古地図に特化した出版物は、決して広いマーケットではないが、レギュラー顧客(リピーター)が一定程度おり、毎回およそ500部のオーダーが見込めることから、初版分を売り切った時点で販売終了する。そして新たな商品を企画し販売するというスケジュールを確保することで、風の時編集部という小さい出版社の商いが継続できるよう工夫している。

現在まで42商品を発行しているが、小ロットでアイテムの数を増やすことによって商売を安定させるとともに、多くのコンテンツを市民に提供することにもつながっていく。

アーカイブはしまい込まれるものではなく、使われてこそ活きてくるもの。公と民がそれぞれの得意なものを持ち寄り、お互いがお互いを上手に使い合うこと。その取り組みを活性化させることで、記憶と記録を未来の人々に残すことになりそうだ。

# 利用者とお客様

佐藤泰美

[せんだいメディアテーク元副館長]

　「利用者とお客様」というふたつの言葉を並べたときに何を考えるかは、人によって違うかもしれない。「利用者」は、文字通り「利用する人」を客観的に示すだけだが、敬称のつく「お客様」は、「主」が敬意をもって「客」に声をかける際の「呼称」であり、言葉としての使われ方が異なる。ちなみに和英辞典では、利用者はユーザー、それに対して「お客様」に該当する英語(敬称の区別はないのでお客さんでも同じ)は、もっとも一般的なカスタマーを筆頭に、クライアント、オーディエンス、パッセンジャー、さらにゲストやビジター、そして最近はユーザーなど、客としての種類に応じて異なる言葉が並ぶ。こうしてみると、ここでは総称としてのお客様とその一形態である利用者について振り返ればいいようにも思うが、今回のお題はあくまで「お客様」である。日本独特の敬語表現としての「お客様」についてまずは考える必要がありそうだ。

　正直に言うと、私は「お客様」という言葉が少々苦手である。主客転倒という言葉が示すように、本来、主客の関係では客の立場は弱い。だからこそ客に敬称をつけることじたいは、主が客に対して敬意や親愛を表明することであるし、とりわけ、外来の客が感じるであろう戸惑いや不安を思いやり、もてなそうとする主の心情を映してもいて、それ自体は美しい言葉だと思う。しかし、私の口は「お客様」と発することに時折抵抗する。

　大学を卒業してすぐ仙台市博物館の学芸員となり、その後せんだいメディアテークの計画の立ち上げから建設を担当し、定年を迎えるまでその運営に携わってきた私は、文化施設畑しか知らない、少々変わり種の元・公務員である。客商売とも言える仕事柄「お客様」という言葉を使うことは少なくなかったが、館内放送などで慣用句的に使うことがほとんどだった。「お客様」は、丁寧であるにもかかわらず、どこか相手との間に一線を引くような、他人行儀で冷たい印象があるし、へたをすると相手にへつらい

つつどこか小ばかにしているようにすら感じて、ともかく居心地が悪かった。なにより、心にもないことを口にしてしまうような強い違和感があった。

　小学校の時の先生が「「僕」という言葉はしもべを意味するのだから自分から進んで使うものではない」と教えてくれたことをよく思い出す。比較的恵まれた環境のなか、人はみな平等であることを素直に信じて育つことのできた私は、とにかく権威という権威に反発し、自らも権威を振りかざすような大人にはなりたくないと願う子供だった。成長とともに、自然に社会人としての敬語の使い方や人への遠慮も身につけてきたとは思う。それでも、人間関係はどんな場合でも等しく対等でありたいという気持ちは今も変わらない。そんな私が博物館で働き始めたとき、その仕事は、あくまで社会の要請と資源にもとづいて行われる公共サービスの一環でしかなかった。言ってみれば文化という名の社会資源の継承と再分配、あるいは再配置に一役買っているようなものであり、そこからは、個々の「分配先」を「お客様」ととらえる発想は生まれようがなかった。まして、わたしが社会人なりたてだった 1980 年ごろは、お役所感覚がまだまだ大手を振るっていた時代である。日々のルーチンの中で、自分自身がいつのまにか権威を行使する側に立っていることに、どこか無自覚になっていたこともあったはずだ。

　しかし時代の流れは変わる。社会課題の多様化にともなってますます肥大化する公共サービスの行き詰まりを打開するため、民間企業のノウハウを取り入れる取り組みが始まる。業績評価の可視化や競争原理の導入、とりわけ住民を顧客とみる顧客主義への転換などは、公共サービスの仕組みのみならず、公務員の意識改革を進める上で大きな役割を担ったと思う。公務員向けの職員研修には、顧客サービスでしのぎを削る民間企業で培われた顧客への接遇方法や、顧客満足度をいかに高めるかについて学ぶ研修が盛んに盛り込まれた。そこで指摘される「お役所感覚」や「上から目線」は、私自身思い当たることが山ほどあった。気がつくと、公共サービスのさまざまな場面で「お客様」という言葉が当たり前のように使われるようになっていた。

そんなある日、おそらく私が入院した2017年の頃だと思うが、病院の待合室で「患者様」と呼ぶ声を聞いた。耳慣れない響きに、時代はここまできたのかと感心する一方、薄れかけていた「お客様」への違和感が再び蘇った気がする。望まぬ境遇に敬称をつけることの違和感もあるが、なにより、そこまでしてでも「様」をつけようとする世の中に空恐ろしさを感じた。本来は単純にホスピタリティの表現でしかなかった言葉を、まるごと消費社会の基盤に飲み込んでしまおうとするかのようだとすら思った。「おもてなし」という言葉がオリンピック誘致のキャッチフレーズに使われたことは記憶に新しいが、そうしたことも、「お客様」という言葉が我が国においていかに重要な意味をもつに至っているかを示していると思う。

　さてここまで、私にとっての「お客様」がなんであったかについて字数を割いてしまったが、あらためてメディアテークの場合を見てみよう。他の文化施設と同様「お客様」は以前に比べてよく使われているし、不特定の利用者に向けた館内掲示や案内文、声掛けやクレーム対応などの時には必須であることも変わらないと思う。現場のカウンターで接客対応をする若いスタッフを見ていると、私などとは違い、さまざまな局面ではるかに自然に「お客様」という言葉を使い、そこに彼らなりのホスピタリティを表現しているように感じることも少なくない。また言うまでもないかもしれないが、カフェやショップはもちろん、有料で施設を貸し出すサービスの現場や、それなりの入場料をいただくイベントでは、その利用者をお客様と呼ぶのはむしろ自然だ。

　しかしその一方で、図書館をはじめ、市場化とは縁遠い無料のサービスやイベントが多く行われる現場では、その利用者や参加者を一律「お客様」と呼ぶことに対する違和感は、なかなか拭い去れないものがある。とりわけ、外部の活動者とメディアテークがお互いに共有するミッションのために、協働して取り組みを進める「協働プロジェクト」への主体的な参加者については、そもそも「お客様」と呼ぶのがどうにも似合わない。詳しくは他項に譲るが、協働プロジェクトの実施にあたっては、協働相手との対等な役割分担とミッションの共有、貸館サービスとの区別、未完成の実験的な活動への柔軟性、情報公開とアーカイブなどなど、活動を持続的

に成果につなげるためのノウハウやリテラシーが双方に求められる面がある。したがってそのあり方については、運営方法も含めて、開館して20年以上を経た現在もまだもろもろの試行錯誤が続いている。

　メディアテークにはこのほかにも、たまたま通りがかった人、なんとなくここに居るだけの人、誰かに会えるかもしれないと寄った人、さらには、生活に困窮し帰るべき場所を失ってここに来た人など、本来の利用者やお客様の枠組みに入りきらない人々もたくさん来ている。細かいことをいうと、貸館の利用者が主催するイベントのお客さんは、厳密にはメディアテークのお客さんとは言い難かったりもする。

　このようにメディアテークには、それこそ主客が複雑に交じり合うように様々な人が混在しており、もはや館側と利用者、あるいはお客様という二元論は薄れ、そのかわりに、それぞれがそれぞれの立場で対等にかかわりあうコミュニティのような場ができつつあると思う。そこでは館側による管理よりも、利用者とともに、その場のもつ価値をお互いに共有し育てていく活動に取り組んでいくことが必要になる。実際これまでメディアテークが取り組んでいる事業の多くが、それを目指してきたと私は考えている。こうした活動の蓄積を通じて、従来の枠組みを超越する新しい活動の地平が開かれることを切に願うとともに、その願いこそが、メディアテークならではのホスピタリティを支えていくのかもしれない。

# 図書館と自治

森田秀之

［株式会社マナビノタネ］

### 時代を感じる図書館が次代を感じる smt へ

　私は 1997 年から三菱総合研究所の社員として、smt(せんだいメディアテーク)の情報システム・環境の設計、調達支援、構築監理業務を行った。

　設計は、誰がどこでどんな人にどのようなサービスを行いたいのかを聞き、必要な機材やプログラム、ネットワーク、サーバ環境などを考えていく。しかし smt では具体的なことはほとんど決まっていなかった。市職員に質問を続けるうちに一緒にサービスを考える人になっていた。

　さまざまなメディアを扱い、あらゆるバリアが取り払われ、最新のサービス(精神)を提供し、次の活動につながる公共施設とは。想像力をフル稼働させる一方、まったく昔ながらのサービスを行う部分があった。2、3、4階に入る仙台市民図書館だ。

　当時西公園に単独館であった市民図書館を見に行った。昭和 30 年代中頃に建てられた天井の低い空間に大量の本が並び、図書館独特の匂いが充ちていた。重たく時代を感じさせる図書館が、軽やかで次代を感じさせる smt にとのように入るというのか。

　のちに smt 初代館長、そして市長になられた奥山恵美子さんは当時生涯学習課長として開館準備を指揮していた。ある時、「森田さん、この施設は役所の仕事をなくすためにつくるの」と言った。

　役所では問い合わせや相談事の対応に追われている。市民自らで情報を探し、選択、判断できるようになれば仕事は減り、やらなければならない未来のための政策や本当に手を差し伸べる必要がある方のための支援に手が回ると話した。私は図書館の本質的な使命に関わっているのではと感じた。

　そこで、ニューヨーク公共図書館に早くから注目(のちに『未来をつくる図

書館──ニューヨークからの報告』岩波新書、2003 として出版）されていた当時経済産業研究所研究員だった菅谷明子さんを訪ねた。smt の話をすると、マンハッタンにある分館、科学・産業・ビジネス図書館に何かヒントがあるのではと教えてくれた。早速飛んで行った。着くと、ビジネスパーソンだけでなく次々に多様な人たちが入口にある端末を操作して館内に入っていく。そこではワークステーションと呼ばれる作業席を予約していた。単に専門書を読むというのではなく、自らの課題を持ち込んで、情報を見つけ、ある時はスタッフに相談しながら解決していく「小さな活動場所」に思えた。smt で実現すべきものがなんとなく見えた気がした。

　しかし残念ながら市民図書館については私の力不足で、他館にはないどんな特色を出すべきなのか検討がなされないまま開館を迎えた。

## 市民図書館にも smt の理念が流れていた

　開館すると smt はあっという間に人気スポットになっていった。エレベータとエスカレータは市民図書館へじゃんじゃん人を運んだ。これまで図書館を使わなかった市民も大勢来るようになり、図書館員はその対応に追われる日々が続いた。

　7 階にいる学芸チームは、これまで検討してきた通りに、「小さな活動場所」となるような企画を仕掛け、市民団体ともコラボして多くの活動の機会を提供していった。さらに、その様子を撮影、編集し、アーカイブしていくという膨大な記録作業も実践していた。より多くの人に届くように「本」にもまとめていく。頒布を目的として早々と ISBN（国際標準図書番号）も取得している。映像コンテンツの制作とインターネット配信も行い、市民をも巻き込んでいった。

　市民図書館もさまざまなイベントや企画展示は行っていたが、学芸チームが図書館フロアを使うことはあれど協働はまだであった。

　そこに東日本大震災は起こった。

　学芸チームはすぐさま「3 がつ 11 にちをわすれないためにセンター」を開設し、市民の復旧・復興活動を記録、発信し始めた。そして市民図書館でも、東日本大震災に関連した書籍を集めた震災文庫をつくった。

オリジナルな映像や写真と、出版社がつくった本。ともに震災という共通テーマがあるにもかかわらず、メディアの違いからか、両者は関わり合いがない状態で別々にサービスしてきてしまった。しかし一般の人には同じ資料提供サービスに見えることに気づき始めた。

図書館が4階で取り組んでいた郷土資料コーナーで、2015年頃から学芸チームとの協働が始まった。地元に関係する人の資料や地元タウン誌を集めた企画展など地域の掘り起こしだ。「図書館連携事業」として、3階一般書フロアに「smtの本棚」コーナーを設け、学芸チームが気にかけている現代美術や小さな出版社の本を蔵書に加えている。

2021年からは、もともと図書館で力を入れ、40余りのテーマに関して作成していた「パスファインダー」について、「「せんだいメディアテーク」について調べる」をテーマとしたものを新たに加えることとし、学芸チームと一緒につくり始めた。パスファインダーとは、人々の関心が高いテーマについて自らで調べる時に役立つ基本的な資料や情報源、探し方などをまとめたものだ。すでに多くの公共図書館で取り組まれているが、smtではさらに次の段階も考えている。パスファインダーをつくるための市民を含めたオープンな会議を開こうというのだ。相談にくる人はそのテーマについてすでに知っていることや気づいていることがいろいろあるかもしれない。同じ悩みや希望をもつ人同士が出会い、気づきを共有しながらパスファインダーをつくっていくことができないか。奥山さんがかつて言った「市民が自分で情報を探し、選択し、判断できる」場が、さらに「自分たち事」となり、やがてそれが「自治」となっていくに違いない。

また、図書館では3年前から市役所職員向けのブックリストをつくり、庁内ネットワークで公開している。行政の人にも役立つ本がある図書館に来てほしいというアピールを始めている。

smtの中にある市民図書館の意味が増してきている。

## 図書館が地域住民自治の拠点となるには

smt開館後、私は図書館開館のお手伝いをするようになった。いまは開館準備をした宮崎県の都城市立図書館2館を管理運営する事業体の代表責

任者として、図書館が地域住民自治の拠点になるかを考えている。

　一般的に図書館の利用者登録数は人口に対して２割程度と言われている。図書館の公共性を語る時、利用率を上げることを忘れがちだ。smt も都城も１日平均 2、3000 人程度の人が来館している。休日などは 5000 人が来る。

　smt 1 階オープンスクエアを使って「スクエア図書館」というイベントをコロナ流行前まで行っていた。

　ある春、仙台に移り住み始めた人に向けて、仙台市のことがわかる本を並べることにした。学芸チームが日頃から取り組んでいるミュージアム連携のつながりとして市内の文化施設や活動のチラシを置いた。そういうことであればこれもと防災に関する資料が置かれた。たまたまそこに福祉関係者がきて、暮らしに困った時に必要な資料も置いていく。すると、庁内からきた職員が転入者に配っているゴミ出しルールなどをひとまとめにした資料集一式も置いてほしいと。こうして対象とする人のための資料、情報収集のノウハウを自然と得ることができた。またひとつサービスが増えた。

　さらにもう一歩踏み出そうとしている。ここに出張相談窓口を出したらどうか。奥山さんがいう、自分たちで情報を探して選択していく場をつくるのと同時に、本当に手を差し伸べる必要がある方へのアプローチが可能となる。

　図書館の利用率が上がることによる効果は、行政サービスのあり方をも変えていく。


　smt とその中に入る市民図書館は根をしっかりと伸ばし、仙台市全体の自治の拠点にもなる準備ができてきている。smt は私にとって先達だ。

# 変化するプラットフォーム

会田大也
［ミュージアムエデュケーター、山口情報芸術センター（YCAM）］

　筆者は山口情報芸術センター（以下YCAM）に勤める職員として、アートセンターの運用に携わっている立場だ。アートセンターは時に創作のプラットフォームとして捉えられることも多い。プラットフォームという語は、今や様々な局面で使われる語句だが、ポピュラーな場面の一つは、電車のホームと呼ばれる乗降場のことを指す時だろう。この際のプラットフォームというのは、地面よりも110 cmほど高い列車の乗客室に地面を持ち上げる「階差を解消する土台」、いわば何かを下支えする存在と言える。アート作品の新規制作を旨とするYCAMでは、これまで多くのアーティストが来訪して滞在し制作・発表を行ってきた。こうした立場から、プラットフォームという言葉の未来について少し想像してみたい。

　プラットフォームという語の適用範囲は、物理的な階差の調整だけでない。たとえば技術用語として用いられる局面でも、乗降場と同じく高さや階層のレベルを合わせるといった意味で使われている。コンピュータを使う際には基本ソフト（＝OS）と応用ソフト（＝アプリケーション）との間に、プラットフォームという考え方が存在する。UNIX、Windows、MacOSかを尋ねる時に「プラットフォームは何？」といった会話がなされるだろう。OSは、コンピュータのハードウェアと、アプリケーションの間を取り持ち、人間が実現したい具体的な機能を、細かな仕様の違いがあるハードウェア上の差異を吸収して実行することで、見かけ上は同じ機能・アプリケーションとして扱える環境を提供する。加えて、OSだけが独立して存在していても何も達成せず、OSは単にコンピュータというハードの管理のみ受け持ち、生産的な活動はあくまでも応用ソフト＝アプリケーションによって実現される。

　こういった考え方はコンピュータとは離れた場所でも比喩的に用いられるようになった。文化事業のセクターでは、芸術祭や滞在制作、継続型プ

ロジェクトのことを指してプラットフォームという語をあてがう場面がある。アーティストによる創作活動や成果としての作品を各アプリケーションに見立て、それらを支えるマネジメントやバックオフィス機能をプラットフォームと呼称する。制作のスタイルは様々あり、一人でアトリエに籠り制作する方法もあれば、多くの仲間を集めて進行するプロジェクトもある。いずれにせよそれを実現するためには創作活動とは別に、作家の移動、契約、経費の支払い、発表会場の確保や広報、協力者との関係づくりといった様々なタスクがあり、これらを引き受けるシステムやスタッフが必要になる。それらは単体で作品自体を作ることはないが、アーティストと組み合わさることで応用的に稼働し、アートが生まれる。これはこれで強固で安定的な関係であるが、実際にはそこまで機械的に役割が分かれているのだろうか？

　有名無名に関わらず、アーティストの創作活動は成果を生み出すための最短経路を辿るとは限らず、その活動によって生まれる紆余曲折、人々の関係性や視点の変化を成果として獲得する場合もある。関わった人達が、経験を通して我が身を振り返り、そしてその後の行動の変容がもたらされるといった具合だ。それらを作品とは呼ばないが、立派な成果だと言えるだろう。そこには観客だけでなく、いわゆるマネジメントやバックオフィスといったプラットフォーム側の人々も含められる。その結果、プラットフォームそのものが変質することは、珍しいことというよりも必然だ。

　実はこの状況は、遊び場における遊びの生成によく似ている。筆者の仕事の一つに、遊び場の設計や運営を通じ、来場者の創造性を最大化させる「コロガル公園」シリーズがある。遊びというのは必ずしも効率の良い生産的な活動ではなく、その場に参加するメンバーが常にルールを生成しては崩していくというプロセスの渦中にあるものだ。幼い少年たちの野球ごっこでは、打者が打ったボールを一塁に投げるだけでなく、明らかにアウトになりそうだと思った打者が唐突に三塁側に走ってセーフを狙う、といった変則ルールが即興的に作り出される。ルール違反の指摘は必ずしも認められず、流れによってはそれが「セーフ」となることもある。ルールの整合性を厳密に突き詰めれば、どこかで論理的破綻が起きるが、それでも

ゲームは進む。その場のルール、プレイヤー、環境、ノリ、あらゆるものを流用しながら絶妙なバランスの中で遊びは進行するのだ。ルールの生成と破綻が複雑化しすぎると、その状況に飽きや白けが生じてしまうことすら起き得る。そうなればその即興的な野球ごっこは唐突に終了し、突如オニゴッコがスタートする。即興的に生まれる場の流用と破綻との間で常に駆け引きが行われているのだ。

　「コロガル公園」においては、いち来場者であった数名の子どもたちの中で、遊び場に対するオーナーシップが育ち、彼らが独自に子どもスタッフという組織を作ったことがあった。彼らは遊びのコンテンツを生み出し、場を運用し、大人のスタッフと対等にその場がどうすればより楽しくなるかを検討し続けた。と同時に、彼らは彼らなりに、仲間との不和や運用ルールの矛盾などを解消するために毎日悩みながら奮闘していた。

　遊び場におけるこうした空間とシチュエーションの関係性を、『プレイ・マターズ』の著者ミゲル・シカールは「空間と遊びの関係は、流用とそれに対する抵抗が緊張状態にある、という点で際立っている」と表現している。<sup>★01</sup>シカールは遊びの場において、その場を成り立たせている場の見立てやルールといったあらゆることは安定的なものではなく、それを読み

「コロガル公園」で会場の運用を行っている子どもスタッフ

替えたり組み替えたりする楽しみとの駆け引きを強いられる、儚い関係性なのだと指摘する。「遊び場：プラットフォーム」／「遊び：そのプラットフォーム上で駆動するアプリケーション」というように固定化した領域と捉えているうちには、この緊張関係は見えてこない。遊びの場においては、この二者は常にその境界線を流動させる危うさの中でバランスをとっている。いわゆる強固な土台として機能するプラットフォームの役割は揺らぎ、アプリケーションとの境界を曖昧にしながら全体を支える緩衝材やメディウムとしての役割を見いだすことができるだろう。

　同じ構造を、実際の文化活動におけるプラットフォームとアプリケーションの関係にも積極的に適用することも可能かもしれない。サポート役だった若手がいつの間にかアーティストとして発表を行う側に回ることもあり得るし、プラットフォームそのものが一つの表現者として役割を演じるようなことも生まれつつある。[★02] これを拡張すると、従来はプラットフォームとして認識されていた組織や機能についても、その捉え方をアップデートしていく必要がある。表現を支える立場だったものが、表現や主張を伴った立場になることもあり得るし、従来は作品を観に行く場所だった場所が、表現を生み出す現場になることもある。地元の子どもたちが「美術館に作品を観に行く」のではなく「作品を作りに行く」と言いながら通うような、そんな創造的活動のハブとなるミュージアムの姿も想像できるのだ。

★01｜ミゲル・シカール『プレイ・マターズ──遊び心の哲学』(松永伸司訳、フィルムアート社、2019)、89 頁。
★02｜あいちトリエンナーレ 2013 におけるリアス・アーク美術館、札幌国際芸術祭 2014 における YCAM InterLab＋五十嵐淳などの事例では、本来はプラットフォームであるはずのアートインスティテューションが、アートフェスティバルに参加する作家と同列にクレジットされている。

# 実行委員会

菅原睦子

[会社員、イラストレーター、仙台短篇映画祭実行委員会スタッフ、幕の人主宰]

　あらかじめ言っておくと、自分が知っている実行委員会は一つしかない。「ショートピース！仙台短篇映画祭」を企画・運営している仙台短篇映画祭実行委員会だ。2001 年から今も続いている、いわゆる市民有志とせんだいメディアテークの共催による地方の小さな映画祭で、その立ち上げからスタッフをしている。なので、これから書くことは極めて個別の事例であることをご了承いただきたい。

　この映画祭は、上映環境（スタジオシアター）を備えるせんだいメディアテークが 2001 年に開館する際に、それまで仙台市内の文化施設で自主上映をしてきた団体に声がかかり、立ち上げたものである。仙台で見る機会が少ない映画や若い作家の作品を上映することを目的に掲げた。あらたに有志の団体を立ち上げる上で、何らかの名前が必要だった。○○団でもチーム○○でもよかったのだが、ストレートに「仙台短篇映画祭実行委員会」と名づけた。こういう名前があると、市民活動としての形もはっきりするし、そのなかで動く個々人が守られるということもある。ちなみに、後で分かったのだが、こうした集まりは代表者（実行委員長）をふくめ 3〜4 人いればなんとか形にはなる。人数が多ければ個々の負担は軽くなることもあるし、意見がまとまらず正直面倒なこともある。
　初期の実行委員会メンバーは学生が多かった。社会人でも若い人たちだったように思う。それぞれに思いを持って参加していたはずだ。一番は「自分たちが良いと思う映画を見たい、見せたい」ということだろうが、そういう人たちをサポートしたいというタイプの人もいたし、映画は詳しくないがなんとなく楽しそうなことがしてみたい、という人もいたと思う。自身についていうと、イラストやグラフィックデザインを生業としているので、チラシやポスターを担当したくて参加した。フリーペーパーも作っ

てみたい。最初のころは実際そうしたことをやっていたが、徐々に企画を立てる側になり、さらに助成金の申請書を書くこともやるようになった。むしろ最近ではそちらが中心で、最初の思いから遠い役回りになっていて苦しいところである。有志でイベントの実行委員をやるにはまず「これに関わることが楽しい！」ということが根本にあるべきだろう。つまらないことに人は集まらない。

　ともかくも初年度から実行委員会の規約を作り、年間の計画を立て、ミーティングもこまめに行いながら映画祭の準備を進めていった。メンバーには国内のみならず海外の映画にも詳しい人や、イベントを組み立てる能力に長けている人がいたし、この20年を振り返ってみるとかつては今よりずっと予算が多かった。

　さらに、この実行委員会は良い意味で「ゆるい」。有志なのだから当たり前と言えばそうだが、入るも抜けるも自由。先に書いたような思いを持って入ってくる人もいれば、卒業や転勤、あるいは意見の相違といった理由で抜けていく人もいる。また、他のこうした集まりがそうなのかは知らないが、発足からしばらくの間の仙台短篇映画祭実行委員会では「委員長は一番自由にしていられる」という暗黙の了解があった。企画や運営など準備段階に人一倍労力を使った分、当日現場の仕事は挨拶くらい。おかげで、映画ところかおおよそ芸術文化に関わりない仕事をしている人や学生まで、いろいろな人が実行委員長を経験した。しかし、それなりの年数が経って良くも悪くも事業としての歴史と責任が増し、また、近年の世の中のお金や人の余裕のなさのなか、委員長の責務は増すばかりで敬遠されがちな役回りになってしまったようにも思う。さらに言うと、そうなると当然「なんとなく楽しそうだから」くらいの気持ちの人は参加しにくい組織になってしまい、ある程度は知識や技術があるメンバーが中心となっていく。それは事業や組織の質を高める意味としては望ましいことかもしれないが、有志の集まりとしてはやや不幸と言えるかもしれない。

　ともかくも、「映画を通じた作り手と観客の場」をつくることを掲げてこの実行委員会は立ち上がった。会の規約にも書かれているこのベースがあるからこそ、たくさんの人が入れ替わりながらも映画祭は大きく軌道を

逸することなく実行委員会でやってこられたように思う。だが今、20年以上続けてきて付け加えるならば、参加するメンバー自身が楽しめることが何より大事ではないかと感じている。今の自分は、新しい人が入るたびにそのことを気にする。この実行委員会は全員がボランティアであり、ゆるさが持ち味でもあったが、メンバーが集まりにくい最近の状況を考えると、実行委員会のあり方を考え直す時期に来ているのではないだろうか。NPOなど法人化の話も何度か出たが、それだけでもないだろう。そもそも、こんなに長く続くものになるとは誰も想像していなかったのだし。

　映画を取り巻く環境の変化や今の映画に対する人々の向き合い方を考えると、新しい世代が実行委員会を担っていくのが自然な気もする。ではなぜ今も自分はやっているかというと、ぶっちゃけ辞めるタイミングを逃したのだ。それだけではない。逃げ足が遅いのに加え、辞めようかと思うといつもいろいろな人の顔が頭に浮かんでくるのだ。映画祭のスタッフを続けてきたおかげで、たくさんのすばらしい作品に出会い、作り手と知り合うことができたから。特に、2011年の東日本大震災の年、多くの監督らやそれまでお世話になってきた方々の協力で映画祭が開催するにいたったことは大きい。震災直後スタッフが集まって今年の映画祭をどうするか話し合う中、4月に冨永昌敬監督が駆けつけてくれて「映画祭がなくなるということは若い監督たちにとって発表の場が失われる、それは監督も被災してしまうということだ。どうすれば続けられるか……。もし上映する作品がないのであれば今まで映画祭に関わってくれた人に声をかけて短い作品を作ってもらってはどうだろう」。それをきっかけに41人の監督による『311明日』というオムニバス映画が生まれた。その時に触れた監督たちの映画祭に寄せる強い思いを知り、うかつに「辞めます」と言えなくなった。続けることがすべてではないが、続けてきたからこそ、この小さな映画祭を大切に思ってくれる方々が各地にいる。これは誰か一人の功績ではなく、その年々のメンバーが紡いできた財産である。

　だからこそ、どうすれば次の世代に受け継いでいけるのか考えなくてはならないと思っている。いずれ自分もこの会から退く時が来る。その時は未練などもたないようにしたいし、どう変化していこうとも外から口を挟

まないようにしたい。口を挟むのであれば中に入らなくてはならない。それが有志の集まりというものだから。

　自分が関わってきた地方の映画祭という場から眺めてみても、この20年で映画を取り巻く環境は大きく変わった。たとえば、スクリーンの中だけで完結しない映画がある。作品を発表する場にしても、その見せ方にしても、少し前までは考えもおよばなかったさまざまな方法が用いられ、あらゆる場所で自由に映画を観ることが可能になった。手のひらの上でさえ映画が観られる時代だ。そしてそれに対して観る側もどんどん対応していく。映画の見方も大きく変化していく。そうなれば上映する側も変わっていくはずだ。変わっていかざるを得ない。実行委員会の立ち上げ方、人の集まり方も変わっていくのだろう。正直、仕事の手間や人間関係の大変さはいつになってもつきまとう。その時々に集うメンバーによって、考え方や内容も、運営の仕方も大きく変わる。だが、それは当たり前のこと、実行委員会は生き物なのだから。

# 合意の形成

## 三方一両損と井戸の茶碗

本江正茂

［都市・建築デザイン学、東北大学］

　『三方一両損』という江戸の古典落語がある。

　左官職人の金太郎が財布を拾う。書付と印形、それに現金三両が入っている。書付の住所から、持ち主の大工吉五郎に届けにいく。しかし、吉五郎は書付と印形は受け取るが、三両は要らないという。一旦は自分の懐から出ていった金で、なくなってむしろ清清している、くれてやるから持っていけ、と金太郎に押し付ける。金太郎も、金が欲しくて届けに来たわけじゃないと応じ、殴り合いの喧嘩になってしまう。大家が止めにはいるが収まらず、お恐れながら……と奉行所に訴え出る。

　南町奉行大岡越前は、その三両は自分が預かりおくとした上で、吉五郎と金太郎の正直を愛で、この三両に自前の一両を足して四両とし、分けて二両ずつの褒美を取らす。吉五郎が届けられた時に受け取っていれば三両のところが二両、金太郎もそのままもらっていれば三両のところが二両、越前も自分で一両出しており、これが「三方一両損」である。これにて一件落着。

　もちろん吉五郎も金太郎も本当は三両欲しい。欲しいのだけれど人の目がある。宵越しの金は持たないと言い、金に執着することを恥とする強烈な同調圧力をもった江戸職人コミュニティに生きる二人には、金が欲しいとは言えない。だから仲裁に入ろうとした大家のしみったれぶりを啖呵を切って罵倒し、そんな金をすんなりもらえるくらいならとっくに立派な親方になっていると涙目で訴えもする。それでも金は要らないというしかない。本当の問題は欲望と社会規範との対立なのに、江戸っ子の啖呵に本当の問題が現れることはない。

　そこで大岡越前は、「落とした金、拾った金」という枠組みを解体し「褒美」に変換して、問題をリフレームした。そうすることで、対立していた本音と建前のベクトルが揃い、双方無理なく金を受け取ることができ

るようになる。その創意こそが大岡裁きなのであった。

　三両を半分にして、一両二分ずつの褒美にすることもできた。それでも越前が自腹を切ったのは、このリフレームのコストを自身でも負担することで、吉五郎と金太郎の信頼を得るためだろう。奉行の権威で押し切ることはたやすい。しかし、それでは問題の本質的な解決にならない。

　この話には知られたスピンオフがある。噂を聞いた連中がグルになって三両を押し付け合ってみせ、越前から一両せしめようとするが、越前は預かった三両から一両ずつの褒美を渡し、残りの一両を取り上げて「三方一両得」だとする。強欲は懲らしめられる。しかし、越前に感服した吉五郎と金太郎なら決してこれをやるまい。

　この噺のサゲはこうだ。裁きの後、時間がかかったからと奉行所で食事がふるまわれることになる。たらふく食べようとする吉五郎と金太郎を奉行が諫めるが、「多くは（おおおか）食わねえ、たったの一膳（えちぜん）……」という駄洒落で落とす。駄洒落ではあるけれど、二人は強欲を自ら戒めている。

　皆が少しずつ損をすることで合意を形成する。どちらかが勝つのではない。「ウィンウィン」だの「三方良し」だの調子のいいことは言わない。第三者が横取りするのでもない。むしろ第三者なのに損をしている。だから信頼され、合意できるのだ。

　もっと金額が大きかったら、例えば三百両の争いだったら、越前は百両出すのかという批判がある。もちろん出すわけがない。「十両盗めば首が飛ぶ」江戸で、拾った財布に五十両入っていれば『芝浜』だし、五十両落とせば『文七元結』だ。額が違えば、まったく別の噺になる。問題には絶対的なサイズがあるのだ。


　金を押し付けあう噺には、もう一つ『井戸の茶碗』がある。

　正直者で知られる屑屋の清兵衛が裏長屋で、身なりは悪いが品のよい娘に呼び止められる。娘の父親で、元は武家であったが今は落ちぶれた浪人の千代田卜斎（ちよだぼくさい）から、仏像を買ってくれと頼まれる。目利きはできないからと断るも懇願され結局二百文で引き取り、もし高く売れたら儲けは折半と

約束する。

　仏像は、若い武士の高木佐久左衛門が三百文で買う。高木が仏像を磨いているが中から五十両の小判が出てくる。この五十両は元の持ち主に返すべきだと高木は清兵衛を探し出し、これを託す。

　しかし、千代田は、その金は既に私のものではないと受け取らない。高木も頑として受け取らない。板挟みになった清兵衛が困っているのを見かねた長屋の大家が仲介し、高木に二十両、千代田に二十両、清兵衛に十両と分配して事を収めることを提案する。高木は了承するが、千代田はなお拒む。ただ金を受け取るのが嫌なのならば、なんでもいいから何か品物を渡せば、これは商いということになるからと説得すると、さすがに千代田も折れ、家に伝わる古い茶碗を形として譲ることにする。

　この話が広まると、殿様が感心して高木の目通りを許す。茶碗を見せると、居合わせた目利きがこれは「井戸の茶碗」という名器であると指摘し、殿様が三百両で買い上げることになる。

　高木は、少なくとも半分の百五十両は千代田に渡すべきと再び清兵衛を呼んで千代田のところにやる。案の定、千代田は受け取らない。以前のように何か形になるものはないかと尋ねるが、とても百五十両に見合うものはない。千代田は、娘を高木に嫁がせ、その支度金として金を受け取ることを提案する。高木もこれを了承する。これまでのやり取りから千代田と高木は互いに敬意を抱いていたからである。

　これはめでたい、娘さんは今は地味だが磨けば見違えると清兵衛が喜ぶと、高木は「いや磨くのはよそう、また小判が出るといけない」。

　この顛末において、娘の意思が等閑視されているのは問題で、柳家喬太郎は「百五十両で娘を売るんですね」と独自のくすぐりを加えている。また高木らが清兵衛を探すくだりには、屑屋たちの容姿を嘲笑するルッキズムもあって、いずれ留保付きでないと上演できなくなるかもしれない。

　さて、ここでもやはり本当はどちらも金は欲しいのである。身をやつした千代田はもちろん、下級武士の高木も裕福ではない。作中でも高木の部下に、小判が出るとは運がいい、返すことはないと本音を言わせている。先祖がいざという時のために残しておいてくれた小判を知らずに売り払っ

た自分の不徳を責める千代田や、金で金を買うことはできないとする高木らは、吉五郎や金太郎と立場は異なるが、本音を武士の建前のかげに隠している。こうした建前がまるきり嘘だというのでもないが、矛盾する思いに葛藤し、互いに金を押し付けあっている。

「商いにする」という問題のリフレームによって葛藤は解消し、一旦は問題は解決する。が、かえってエスカレートしてしまう。笑いところだが、当事者は大変だ。そこで「商い」のフレームを再び転換し「結婚」にリフレームして解決をはかる。さらなるエスカレーションが予期されるけれど、それを回避する発意が全体のサゲとなっている。

大岡越前とは違い、清兵衛はただただ右往左往するばかりである。しかし、無欲な清兵衛の実直さは一貫して揺るぎない。茶碗代の分割スキームに自分の割り前がないことに気づきもしない。そんな清兵衛を介したコミュニケーションを繰り返す中で、ステークホルダー間の信頼関係が醸成されていく。その信頼関係があればこそ、問題を2度にわたって大きくリフレームすることができたのである。


武士や職人が金は要らぬと意地を張り合う話など、いかにも呑気な江戸時代の落語である。しかし今日でも、利益の配分を争うとき、損な役回りを押し付け合うとき、あるいは、生まれたての弱いアイデアがその価値に気づかれぬまま既存のシステムに踏みにじられそうなとき、この見覚えのある構図は繰り返し現れる。建前で武装したまま、世界を二分し、どちらが正しいかと問う限り、合意は形成されないし、課題が解決されることもない。議論が膠着してしまうのは、問題が間違っているからなのに。

合意形成はジャッジではない。合意はデザインされるのだ。葛藤を抱えながら、一つの軸上で睨み合う関係者に対し、その軸から外れた空間に新たな点を打ち、三者を包含する新たな問いの平面を定義してみせること。共感にもとづいて信頼関係を醸成し、痛みを分かち持ちながらも、解が自然に産出されるような、創造的な問題のリフレームを行うこと。答えは問いの中にある。それが合意のデザインである。大岡越前と正直清兵衛、タイプは異なれど、共に優れたデザイン・ファシリテーターだったのだ。

# トライとエラー

桃生和成

［一般社団法人 Granny Rideto 代表理事］

　NPO の中間支援や起業・創業支援施設で長く働いた経験から組織の立ち上げや新規プロジェクトについての相談を受けることがよくある。しかし、寄せられる相談がその後、形になるケースは多くはない。大半は、準備段階で計画が頓挫してしまう。その理由は、資金不足、人材不足、情報不足など多岐にわたるが、プランづくりに労力を割きすぎていざ行動に移そうと思ったときには、モチベーションが下がっていることも問題である。そもそもそのプランが本人の本当にやりたかったことかどうかもわからなくなっている。特に私より下の世代は、きれいでわかりやすいプランの資料をつくるのが得意な印象だが、準備段階で問題が発生した途端、簡単に諦めてしまう。過去に受けた相談でも話を聞いた数か月後に会ってプロジェクトの進捗状況を伺うと、全く進んでいなかったり以前とは全然違うテーマに取り組んでいたりということがざらにある。客観的に見ると同じところをグルグル回っているように見える。私はこの現象を「やるやる詐欺」と密かに呼んでいる。

　右肩上がりの時代を終え、社会の先行きが見えづらい昨今、計画通りにいかないことがほとんどである。不安定な社会を生き抜くためにいかに緻密な計画を立てるか、ではなく大まかな目標や理想をぼんやりと描き、とりあえず実践に移す。その中で明らかになった課題を一つ一つクリアしながら、目標や理想の輪郭をとらえる。そんな「しなやかさ」が今の時代に求められているのではないだろうか。本文では、いかに計画だおれにならず新規のプロジェクト等を実践に移すかについて、私の経験を踏まえていくつかの事例を紹介したい。

　私は、新規事業のアイディア出しでファシリテーターを務めることがある。ワークショップで参加者のやりたいことを形にする方法として「妄想会議」を実施している。副業やお祭りの運営への参画など継続的に多様な

形で地域に関わるいわゆる「関係人口」を増やすことを目的とした盛岡市の事業「盛岡という星で」に2021年度からプロジェクトメンバーとして参加している。本事業では盛岡市内外に住む人たちの接点をつくることを主なねらいとする拠点「盛岡という星でBASE STATION」を会場に人と人、人とコトをつなぐコネクターとしてトークイベント、ワークショップ、相談会等を企画している。その中で盛岡をよりおもしろくするために行動に移したいと希望する人たちが集まってアイディアを出して実践する「会議シリーズ」の一つとして妄想会議を実施している。参加者は、付箋に1枚につき一つのやりたいことを記入する。アイディアを出すとき、私たちは資金、時間、人材等の条件を踏まえて考えるが、妄想会議ではその条件を一旦忘れて自由に妄想してもらう。「スマホを使わない日をつくる」「みんなでコントをつくりあう会」「47都道府県の人を集めてパーティー」「海の中にホテルをつくる」など中には誇大妄想すぎて明らかに実現不可能なものもある。ただし、ここでは質ではなく量を出すことを重視している。最初の5分で30個の妄想を出すことにチャレンジした。次の5分でプラス10個、さらに5分で10個のアイディアを出してもらった。最初は簡単に出ていたアイディアも後半になるとペンが止まる参加者がほとんどである。それでも絞り出してアイディアを出してもらう。その中にちょっとおもしろい発想が混じっていることがある。次に出したアイディアを参加者全員で共有し、他の人のアイディアの中で「自分も関わりたい」ものに投票を行った。これによりそれぞれのアイディアにニーズがあるかを確認することができる。さらに書き出した付箋の中から改めて自分がチャレンジしてみたいものを選択する。そして、参加者が各々選んだアイディアに対して実現するための方法を参加者全員で考えた。このようなプロセスを踏むことで妄想だったアイディアが現実味を帯びてくる。あとは実行する具体的な日時と場所を決めればプロジェクトが動き出す。

　例えば、「入浴剤について語る会」は、入浴剤が好きで集めている一人の若者の発案で生まれた会合だ。おすすめの入浴剤を一人1個持ち寄り、紹介し合う。最後に紹介文をまとめてある程度集まったらパンフレットにするという活動である。彼は集めている入浴剤を定期的にツイッターで紹

介していたが、誰かと入浴剤について語るという機会がなかった。入浴剤をきっかけに新しいネットワークが生まれた。「おかず探し隊」は、コロナウィルスが蔓延し、おうち時間が増え、デリバリーやテイクアウトが増える世の中で、今一度、あたたかいごはんの美味しさとぬくもりといっしょにごはんのお供を探す取り組みである。ごはんを片手に市場や惣菜屋さんにお邪魔して、盛岡市内の魅力的なおかずにスポットを当てている。「文通」は名前の通り、SNSの普及によってすぐに返信がくることが当たり前となった社会の中で、たまには手紙を書いて、返事が来るのを待つというアナログな行いをエンターテインメントとして楽しんでもらうという企画である。発案した大学生はBASE STATION内に文通ブースを設け、見知らぬ人同士の手紙でつなげるイベントを実施した。「語る。盛岡という星でBASE STATIONの人々」という動画は、参加者がBASE STATIONに関わる人たちにインタビューをして、おすすめの本を紹介している。今では「盛岡という星で」の公式チャンネルの企画となっており、計7本の動画が公開されている。また、会議シリーズではないが、「いつか写真展をやりたい」という相談を寄せられた時も「次に会うときまで日にちと場所を決めてきてください」と伝えたら、次に会った時に本当に決めてきた女性もいた。彼女は初回の写真展を終え、現在も精力的に活動を続けている。

　以上、「会議シリーズ」から形になったプロジェクト等を紹介してきたが、ほとんどの参加者が自分で考えた企画を実践に移した経験がない人であった。やりたいことの妄想からはじまり、形はどうであれ実行に移した経験は、プランよりも勝る。広報、スケジュール管理、会場の選定、当日の進行、他者とのコミュニケーション等、彼らのスキルとノウハウはいつのまにか高まっている。一方、人が思うように集まらなかったり、プログラム変更を余儀なくされたり、チーム内のコミュニケーションが上手く取れないといった課題にも向き合うこととなったが、それでも何とか形にする中で少しずつ手応えをつかんでいった。「語る。盛岡という星でBASE STATIONの人々」にたどり着いた参加者の最初のアイディアは、社会人と学生をつなぐ交流イベントだった。しかし、なかなかモチベーション

が上がらず行動に移せなかったため、本当にやりたい企画かを問い直し、上記の動画へとたどり着いた。また、実践したプロジェクトの中には現在は活動休止になっているものもある。実際に取り組んでみたことではじめて自分のやりたかったことではないことに気づくケースもある。その時はまた一からやりたいと思ったことにチャレンジをしてみる。どんな小さな企画でもトライとエラーの連続で少しずつ自分のやりたいことが明らかになっていく。

　私たち、特に東北に住む人々は東日本大震災以降、何をするにしても復興の文脈で語られ、社会的な意義（ある種の期待ともいえる）を世間から求められているかのように感じてしまう。私もいくつかのプロジェクトを立ち上げる度に直面する息苦しさである。それに囚われてしまい具体的な行動に移せない人もいる。そんな人は自分のやりたいことを出発点にして形にするところから始めてみよう。やりたいことをやっていたその先に社会的意義がいつのまにか発生しているという場合もある。先に述べた入浴剤について語る会でも「盛岡のオリジナル入浴剤を考える」という話になったら急に社会性を帯び始めた。トライとエラーの繰り返しから得られる感触をまずは信じたい。

# これからの社会に問いかける

# "わたしたち"とくらす

角田真由美
[日本語教師]

「わたしたち」とは誰だろう、あるいは、どこまでだろう。

　私は東京で日本語教師をしている。20年ほど前に仙台で教師の第一歩を踏み出し、その頃はせんだいメディアテークで様々なイベントにも参加していた。これから述べることは、日本語を教える中で感じた、日本社会における外国人という問題意識を出発点としている。

　この仕事の面白さの一つに学生たちの初対面の場がある。私が教える学校では交流会を以前から行っているが、コロナ禍にはオンラインで実施した。ヨーロッパやアジア、日本の各地から外国人、日本人が集う。全員初対面で、唯一のルールは日本語で話すこと。

　その中に10代から20代のグループがあった。画面越しにもうっすらと緊張感が伝わってくる。ぎこちなく自己紹介が始まり、好きなものの話題へ。ある一人が「K-POPが好き」と言うと、「私も！」と声が上がる。すると空気が一変し、場が明るく軽やかに動き出す。誰が好き、この曲が好きと話が展開し、ほんの数分前までの空気は消え、温かみが流れる。このような光景は交流会だけではない。学期初日にもよく見かける。

　「わたし自身の日本語でわたしのことを話す」「あなた自身の日本語で話されるあなたの話を聞く」そして、「互いに反応する」。ふっと「わたしたちの○○」が生まれる瞬間に私はいつも心が動く。

　学生たちが生み出す「わたしたちの○○」に関心が向くのは、メディアテークで参加していたある企画のためからかもしれない(『スタジオ・トークセッション―共有のデザインを考える―』2002-03年)。立場や考え方の異なる人々が集い、場の共有や何かを作るプロセスについてのトーク。個人の中にある「自分事」でも、自分とは無関係の「他人事」でもなく、その間に存在するもの。その言葉にわたしはずっと心惹かれている。様々な人々が集う場において「自分たち事」はどう作り出せるのか。

ある日の授業でのこと。相手を慮ってはっきりと伝えないという日本の文化について、一人の学生がためらいがちに戸惑いを口にした。実際のやりとりの場では、「Yes」なのか「No」なのかわからない。なんとなく会話が続かないのは、自分に問題があるのか、話すテーマが合わないのか、はたまたそれ以外にあるのか。どう判断し、確認すればよいのか、という内容だった。わたしは言葉に詰まった。日本で生まれ育ったわたしには、その「わからなさ」の本質がわからない。するとある学生が、No の時はよく、「い」の口の形で息を吸う「シー」という息の音がする、とやってみせてくれた。この音が聞こえたら、無理なのだろうと判断しているという。初めて耳にした日本語コミュニケーション・ストラテジーだった。それがきっかけとなり、一人ひとりが実体験やそこから編み出したストラテジーを話し出した。誰かが日本語で表現できない時は英語で話し、それを別の誰かが日本語にする。いつの間にかわたしも教える立場から、場を共有する一人として「わたしの言葉」を発していた。異なる背景がもたらす多様な視点。個々にある積み重なった深み。経験から培った言葉を持ち寄り、耳を澄まし相手の言葉を尊ぶ。そしてそれぞれが発見した「答え」を持ち帰る。「自分たち事」の場には、個々の「わたしの言葉」とともに、相手への「尊重」と各々の「発見」がある。それを肌で感じた時だった。

　一方で、「自分たち事」のときとは別の「わたしたち」もある。学校や会社の構成員としての「わたしたち」である。例えば、職員として学生たちに英語で学校の説明をする際、主語として「I」ではなく、「We」を使う。学校としての判断を伝えるためだ。伝えるべき対象（あなたたち）がいて生じる「わたしたち」である。つまり「わたしたち」には、性質が真逆の二つがある。個人個人が言葉を重ねた先に立ち上がってくる「わたしたち」と、あらかじめ決まっている属性を基にした「わたしたち」だ。

　ところで、私が日本語教師を始めた頃は、日本の大学や専門学校への進学のために日本語を学ぶ学生がほとんどだったが、現在は進学に加えて就職、生活、文化体験など様々なニーズがある。この間に、外務省が所管する国際交流基金でも日本語を使ってできるようになること(Can-do)の評価軸を用いた新たな日本語教育の枠組みが提示され、また在留資格において

は、2019年に労働力確保のために新たな「特定技能」が創設された。在留資格によって違いはあるが、これまで日本での就労の場で必要とされていた「大学もしくは日本の専門学校卒業以上、日本語能力は中級から上級以上、業務と専門性が一致」というものではなく、特定産業分野(2022年現在、特定技能1号12分野、2号2分野)においては、日本語試験で初級完了レベルと判定され(特定技能2号は日本語試験不要)、各分野の技能試験に合格、企業と雇用契約を結べば、特定技能が取得できる。コロナ禍もありその数はまだ少ないが、今後増えていくだろう。つまり、個人も組織もそれぞれの地域でこれまで以上に幅広い日本語レベルにある外国人とどう協働・共生していくか、共に「自分たち事」として考える時を迎えたということだ。

　では、日本人も外国人も混在するこれからの社会において、分断も敵対もすることなく、そして自然に外国人も含めた「わたしたち」の意識が生まれるにはどうしたらよいのだろうか。私はそのヒントが、前述した「初対面の場」「言葉を交わして何かをする」にあるように思う。それぞれが「わたし」の言葉を発し、重ねた先に生まれる「わたしたち」の場。外国人という属性から自由になり、○○さんという個人と出会う。時間はかかるが、この経験を繰り返すことで自然と属性に縛られない「わたしたち」も生まれるのではないか。その上で、共に何かをする。おそらくそれは日常生活でのささやかなことでよいのだ。

　「令和3年度在留外国人に対する基礎調査報告書」によると、日常生活で困らないレベル以上の日本語力がある在留外国人は81.2%にものぼる。目の前の相手に目を向け耳を傾けると、聞こえてくる日本語は、「完璧」で「明瞭」ではないかもしれない。学生たちの日本語もそうだ。時に間違いも、聞き取りにくいこともある。しかしそれでも伝わる。

　とはいえ、時に聞き慣れない日本語に出会うと、戸惑うことだろう。相手の話は何となくわかっても、伝えたいことが伝わらないという話も聞く。その時に使える言葉の一つとして「やさしい日本語」がある。阪神・淡路大震災をきっかけに考案された、外国人にもわかるように配慮された簡単な日本語である。難しい言葉を使わず、文をはっきり、最後まで、短く言う、オノマトペは使わないなどの基本的なルールにそって構成すれば、自

分が発する日本語が届く。最近は省庁などでも使用されているが、その認知度はまだ29.6％（文化庁令和元年度「国語に関する世論調査」）しかない。しかし、このやさしい日本語は協働・共生を支える一つの手段となる。

　では、それでも幅広いグラデーションにある一人ひとりとどう向き合うべきだろう。学校や行政サービス、おおよそ「社会」というものは、個々人すべてと個々に向き合うことは不可能で、結局はなんらかの「○○の人たち」という属性を設定して動かざるを得ないことも現実だからだ。

　このことを考える時に思い出されるのが、コロナ禍での学生サポートである。学生に合わせて情報を探し出し、即時提供する。迅速に対応ができたのは、メッセンジャーアプリのタグ付け機能のおかげだった。例えば、居住区、クラス、ビザの種類などの属性をタグ付けすれば、必要な情報が必要な人に一気に届く。とても便利だ。が、同時に最も容易く他者が属性を決めることへの心地悪さも感じた。さらに、それらのタグには程度の違いが反映されない。例えば「日本で就職」というタグには、「絶対に就職する」も「できれば就職する」も含まれる。では、この利便性を活用しながらも、属性にとらわれないようにするにはどうするか。さらに情報提供の方法について工夫が必要かもしれない。まずは「やさしい日本語」の徹底や手段からだろうか？　手間がかかりそうだが、伝わらないことで生じる混乱やそれを取り除く労力よりも容易いだろう。

　その上で、情報提供の後に生じる個々人とのコミュニケーションの場では、大まかな分類では表に出てこない細部に眼差しを向ける。そこではお互いの「わたしの言葉」を重ねていく。

　これらのことは外国人／外国語話者の間にとどまらない。互いが言葉を紡ぎ、聞き澄ます。すると、数多の人々の、属性だけに縛られない「わたしたち」の場が生まれてくるのではないだろうか。そして、多くの場で「わたしたち」の街や場所、時間を感じ始めたら。もちろん、なまじ伝わるようになったゆえの議論や摩擦は起こり得るだろう。しかし、当たり前に「いろんな人がいて暮らす」ことの雑多さや豊かさも現れてくるような気がする。20年前、わたしはこんなことを考えたこともなかった。このさき社会はどう変わり、わたしはどんなことを思うのだろうか。

# 老いていくこと
## あるいは若さと老い

西川勝

［臨床哲学プレイヤー］

### 浦島太郎の老い

　ずいぶんと以前に、私は小学4年生を相手に「老いを理解する」という
テーマで出張授業をしたことがある。誰もが知っている浦島太郎の物語を
題材にして、「玉手箱を開けてびっくり、ぼくはおじいさんになってしま
った(私はおばあさんになってしまった)」と言わせて、そのときに感じたこと
や考えたことを話してもらうというものであった。対象的に老いを考える
のではなく、自分と地続きのこととして老いについて話しあうつもりだっ
た。次々に意見が出てくる。ある子は「乙姫に仕返しをしたい。よくもこ
んな姿にしたなって」と憤然としている。またある子は「あきらめないで、
玉手箱の仕組みを調べます。きっと元に戻るヒントが見つかるはずだか
ら」という。「乙姫との約束を破ったからでしょう。なんだかとっても悲
しい。でも、村のみんなに優しくしてもらえるようにがんばる」と考えな
がらつぶやく。「村に知っている人が誰一人いなくても、しっかり働いて
家を建てます」と言う子もいた。奇妙な設問に、はしゃぎおどける子もあ
れば、案外に考え込む子もいた。が、誰一人として老いた自分をプラスに
感じている子はいなかった。大人である私たちなら、どう答えたであろう
か。大差はない気がする。

### 老いの問題と課題

　それにしても、なぜ乙姫は浦島太郎に開けてはならない玉手箱を手渡し
たのだろうか。浦島太郎は罰を与えられる悪いことをしたわけではない。
そもそも玉手箱は大切な宝物を入れるものである。あっという間に白髪の
老人となった浦島太郎は生気を奪われ、知る人もいない孤独に追い詰めら
れて嘆息する。現代社会においても老いは解決すべき問題として議論され

対処されることがほとんどである。が、やはり、玉手箱から立ち上る白い煙は、宝である老いなのだ。ただ浦島太郎には、それを開けて手に取る資格に欠けていたのだ。竜宮城で過ごした時間は、何不自由もなく自らの望みが叶えられる夢のような暮らしで、そこには面倒をみなければならない親も子も他人もいない。現実の社会では、人は多くの人とともに生き、迷惑をかけたりかけられたりと苦労の絶えるいとまはない。願い望むことは容易には実現せず、挫けそうになる日々も多い。が、それでも生きていく。その生涯がいかに長かろうとも、老いにたどり着くには一日たりとも抜きにはできない。この厳しい課題があってこそ、老いは宝になるのであって、自分だけが安穏と過ごしていた竜宮城での暮らしは、尊い宝である老いを封印しているのだ。後悔なく玉手箱を開けるためには、浦島太郎はもう一度、村人とともに暮らす人生を過ごさねばならなかった。ともに生きることをいかに実現するか。これは私たちに課せられた問いでもある。

## 老いと若さ

　私が20歳前だったころ、夜学の教室で聞いた空海の言葉が忘れられない。「生まれ生まれ生まれ生まれて、生の始めに暗く、死に死に死に死んで、死の終わりに冥し」。日常には陰に潜んで姿を見せないが、不意に鷲づかみにされてしまう鋭い言葉である。考えてみれば、若さは誕生に近く、老いは死に近い。なぜに生まれてきたのか、自分は何になるべきなのかに悩む若さ。なぜに死なねばならないのか、自分は何であったのかと惑う老い。若さは未来に向けて、老いは過去に向けて、自分の有り様を問うてしまう。まだない自分、もうない自分に、今の自分を忘れている。前と後ろに足を置きかえ続けなければ歩めぬように、未来と過去に引きずり追われている。出発点も終着点も不明のままに、またそのことを気にもせずに歩き続けているのが、普段の生き方なのかもしれない。ときに立ち止まり、両足を支えている大地、今ここの世界を感じることが必要なのかもしれない。前に差し出す若さも、後ろで支える老いも、ここの今から一歩離れている。このような比喩で考えるとき、気をつけなければならないのは、人は決して虚空のうちを歩むのではなく、様々な物や人に囲まれた世界を

歩むという事実である。自分というのは単独では成り立たず、必ず他者の他者として世界に住み込んでいる。「ここの今」でいう「ここ」とは狭い自分の立ち位置ではなく遥かに広い世界のはずだ。また「今」というのも、過去と現在に挟まれた刹那、瞬間ではない。今日、今年、今生といった切れ目なく広がる時間として考えたい。そして自分が立つ足下の地層の深さを感じ取ることに努めてみたい。

　こういうことを考えるようになったのは、今年 65 歳になる自分が末期腎不全の診断を受けて以来のことである。私は元看護師で、血液透析の看護にも 5 年間従事した経験がある。そこで透析中止を求める患者さんと出会い、臨床哲学の門をたたくことになった。その後、認知症介護の現場で老いの問題を考えるようになった。ケアする立場からあれこれ考えていた自分が、年金受給者となり、介護保険の被保険者証と同時に、腎臓病で身体障害者手帳を手にするとは思いもよらなかった。うかつに生きてきたものだと思う。しかし、ようやくにして気づき始めたこともあると言わねばならない。

## ていねいに老いていく

　老いの入り口に病を得て気づいたことは、ていねいに生きることの大切さである。ていねいとは相手を気遣うことである。ものを丁寧に扱う。人とていねいにお付き合いする。また、自分をしっかりと大切にすることでもある。若さも老いも苦しみ悩むのは、今の自分をしっかりと大切にしていないからであり、周りの相手から大切にされていることに気づかないからである。できなかったことができるようになると喜び、できていたことができなくなること悲しむ。しかし、それは自分のことに過ぎない。自分の何々という見方を変えてみると、そのことがわかる。たとえば、自分の子どもと思わず、この子の父親である自分だと考える。自分の子だと思うと自分の思いと違う子に腹を立てたりするが、この子の父である自分だと思うと、自分はこれでよいのかと考える余裕ができる。相手を変えることは意のままにならないが、自分は笑ってみせることも怒ってみせることもできる。自分の何々と思うと、相手が誰でもよいわけではない。しかし、

誰かその人に見えている自分が、その人にとっての自分であると思うのは人を選ばない。鏡が相手を選ばず、前にいる人の姿を映すようなものである。人以外の物にしても、このペンは私の物だと言うより、このペンが私に字を書かせてくれていると考えた方が有り難みが増す。自分を主語にしたら自分が消え去るとともに相手も消えてしまう。さまざまな相手に自分をゆだねれば、たとえ自分が消えても相手のうちに自分の面影は残り続けるだろう。死んであの世にいくとはいうが、あの世とは、この世で自分が出会った相手たちに他ならない。周りの景色を全身で受け取るシャボン玉のように微風にも揺蕩うていねいな老いを生きていきたい。

# それぞれのリズム、ペース

## ときにはクロックをあわせてみる

大澤聡

［メディア史、近畿大学］

　音読の宿題が出たからちょっと聴いてほしい。小学校にあがった息子が
ドアのすき間から顔をのぞかす。ふんふん聴いてやるうち、意識の3分の
1くらいはここではないべつの時空をただよいはじめていた——ビールで
ほろ酔いの父親、を前に直立し眼の高さにぴんとのびた両腕、のさきにう
やうやしく掲げた大判の教科書、に印字されたおおきな文字の列、を声に
出して読みあげている、自分。フレーズの2、3。イラスト。父の褒めこと
ば。生活音。室温。におい。感情の、断片……。

　三十数年前の自分もまた音読したのだった。たっぷりと間をとって。抑
揚をつけて。ことばにしてしまえば、どうしたって陳腐で感傷的な物語め
くが、じっさい子育てはそんな体験の連続からできている。教科書をはさ
んだ反対側へ身をひるがえしての、2周目の、人生。

　眼の前で音読する息子と、かつての父親。その両方に分裂した自分が重
ねあわさる。息子は学校で紙の教科書とiPadの教材を併用している。遠
からず義務教育のICT化は完遂される。彼がいつか子どもをもったとし
て、この光景が再演されることはもうないのかもしれない。そうやって考
えをめぐらせば、「いま」は2周どころか、3周、4周と重層化してゆく。

　ちょっと誇らしげでありながら、ちいさな足の指をもぞもぞうごかした
り、片手にもちかえて空いた手で鼻先をこすってみたり、まばたきがやけ
に多くなったりするのは、音読特有の速度に耐えられないからか。速く読
もうと思えば読めるのだし、状況がちがえば褒められさえするそのスピー
ドが、ここでは禁じられる。

　べつの夜、絵本を読めとせがむ下の娘を膝において読み聴かせながら、
うっかり早口になっている自分に気がついて、こっそりバツのわるい思い
をした。この娘もじきに膝からおりて、彼女なりのリズムで絵本を読みだ
す。そのころには息子の宿題も黙読へ移行しているだろう。となりの部屋

には、追いたてられるように高速で資料を読みとばす自分。それぞれの読書へと散ってゆく。速度も目的もばらばらの、孤独な、読書へ。

　文学研究者の前田愛が明治期の文献からいくつも例を抽出して論じたとおり、かつての読書は一般的に共同スタイルをとっていた（『近代読者の成立』有精堂、1973）。家庭のなかで文字を判読しうる人間が、新聞や貸本を声に出して読む。それを囲ったり、ちょっとはなれた場所で耳をそばだてたりしながら、一家で読書をシェアする。日本家屋の構造や狭小さ、民衆の平均的なリテラシーのひくさといった事情がそこにはかかわっている。

　狭義の読者層の周囲には間接的な読者層が淡く滲みひろがる。読書行為は現在のそれよりももっとスローで、集団的だった。読書が同期する。ところが大正期には、効率化の観点から黙読が推奨されるようになって、音読にとってかわる。集団的な読書は徐々に姿を消してゆく（永嶺重敏『雑誌と読者の近代』日本エディタースクール出版部、1997）。

　声に出して読む息子、聴くわたし、娘の相手をしていた妻が脇から口をはさむ。そんなとき、いつかのどこかの家庭の読書もこんなだったかもしれないと瞬間的に想像力を漲らす。もっとも、こちらは宿題というなかば義務的な条件下の、それも時限つきのものなのだけれど。

　数年先の、共有されなくなった読書たちがもたらすいくばくかのうらさみしさを、ひとり勝手に先取りしては、今夜も親密な読書につきあう。

―

　YouTube にアップされたピアノの超絶技巧の演奏動画を息子が 0.75 倍速でスロー再生していた。指のうごきを追いかけて楽しむ。

　充実した速調機能の用法としては、これなど少数派で、世間ではふつうスピードアップにつかわれる。映画やドラマやアニメをぎりぎり聴きとれる 1.5 倍速や 2 倍速で観る若者はすくなくない（稲田豊史『映画を早送りで観る人たち』光文社新書、2022）。話題作はチェックしておきたいが、リストはたまるいっぽう。時間がない。いきおい、リストの消化じたいが目的へ転じる。映像コンテンツの海に溺れるわたしたちに効率化の策は不可欠だ。書物の洪水をまえに黙読が要請されたあの時代とどこか似る。

　予備校や塾の授業の映像化とその個別受講はこの 20 年ですっかり定着

した。ここでも倍速視聴は大活躍だ。90 分の授業も 1.5 倍速なら 60 分。出遅れた受験勉強もこれで挽回できます。予備校側が動画のメリットに「速習」をうたっていた。生身の講師はクリックやタップひとつで操作可能なコンテンツと化し、ちいさな画面のなかで受講者ごとにパーソナライズされた任意の早口で解説している。

　1 学期や 2 学期、夏期講習や冬期講習といった概念は溶けた。かつてのそれに相当する短期集中講座をどの季節にうけるかは各自の進度によるからだ。引け目なしに受講してもらうには、社会的な単位に区切られた枠など邪魔である。そして、鮮度のある時事ネタは回避されるだろう。全国各地で見知らぬ同世代の人間が、だいたいおなじタイミングに、おなじ授業をうけているという「想像の共同体」感はそこにはもうない。のこるのは、コンテンツと孤独な消費者との関係のみ。

　思いあたるふしがある。コロナ禍で大学の講義もご多分にもれずリモート化した。リアルタイム配信ではなくてオンデマンド科目の場合、受講者は指定の期間内であれば好きな日時に受講すればよい。いつどうやってうけているかこちらは知りようがない。2 倍速で視聴したり、シークバーを適当にすすめて宿題が出た箇所へ飛んだりしてもわからない。ちゃんと机にむかっているのか。ベッドに寝転んでいるのか。再生しながら放置か。

　西洋中世では黙読の急速なひろがりがポルノと異端思想を生んだ（ポール・サンガー「中世後期の読書」ロジェ・シャルティエほか編『読むことの歴史』大修館書店、2000）。異端防止のため、教会は信徒がひとりで黙読することを禁じる。外見上、真面目と不真面目の判別ができないからだ。オンライン授業とつうじる。異端思想がそうであったように、いまのところ倍速視聴などの不真面目を技術的に封殺する方法はない。技術的にとりしまるよりもさきに、講義の役割や「真面目」の輪郭がなしくずし的にかわってゆくのだろう。ジグムント・バウマンのいう「液状化」という形容がしっくりくる（『リキッド・モダニティ』大月書店、2001）。

　ちゃんとマスクをつけて、ソーシャルディスタンスをとって、リモートで……とパンデミックは生活様式を世界的に同期させた。しかし同時に、人びとの時間をばらばらにしてもいる。

—

　近代的な時間概念は機械時計の発明とともに誕生し、学校や軍隊、工場といった諸装置がそれを浸透させた。均質であるがゆえに計量可能で、たいてい不可逆の数直線でイメージされ、「速く！　速く！」とわたしたちを画一的な競争に駆りたててやまないその時間は、デジタル・テクノロジーの革新により、画一化という点でどうやら変容しはじめている。擬似的な操作が可能になって、パーソナライズされたばらばらの時間をわたしたちに生きさせる。近代を超克……とまではいかずとも、あんがい半分くらいは自動的にもう降りているのかもしれない。

　じつをいうと、この原稿にあたえられたお題は「いかにして標準化されない個々の時間を確保するか」だった。それなのに、気がつけば、わたしの視線は標準化が消滅する危うさのほうにばかりむかっている。

　5年ほど前、こんなドラマを観た。さえない数学科の大学教員が家族に愛想をつかされ自問するなか、ひょんなきっかけで朗読教室に参加、バックグラウンドも世代もばらばらのメンバーと呼吸を揃えて本を読む。その体験をつうじてすこしずつかわってゆく（「この声をきみに」NHK、2017）。

　意味や速度や効率とはべつの位相にある、たとえば近接性なり信頼性なりを確認する、ほとんどそのためだけになされるコミュニケーション——山内志朗『天使の記号学』(岩波書店、2001)ならコミュニケーションの可能性の条件、「コミュニカビリティ」と呼ぶだろう——が存在することをドラマは描いていた。当時、息子が生まれて間もないというのに新幹線で東京と大阪を往復する生活に忙殺されていたわたしに、個別化された時間を他者とゆっくり同期しなおすリハビリの物語が期せずして刺さった。

　万能感に満ちた消費者の手元の操作がいくつもの時間のリズムやスタイルを発生させる、そんなパーソナルな時代にあって、できればスローな方向でクロックを同期させるチャンネルもどこかに確保しておくような再帰的な時間感覚のやりくりがもとめられるのだろう。

　時間軸がどろどろに溶けて、歴史的な地図を描けず、自分がいったいいつどこを生きているのかさえわからずにいる世界を、柔らかい全体主義がごっそりかっさらってゆくその前に、ちいさな同期を積みかさねよう。

# 質を問う

八木まどか
[会社員、一般社団法人 NOOK]

## 「分かり合えない」がもたらす動き

「私自身が、分断線を引いていたのですね」。

2013年1月、「考えるテーブル」で初めて私がファシリテーターを務めたてつがくカフェの終了後、ある参加者がこう述べて帰っていった。この日は、「分断線」をキーワードにして震災後について語り合った。間もなく震災から2年が経過する頃。ちょうど、一人ひとり震災への向き合い方に差が現れ、支援のフェーズが変わろうとする時期だった。たとえば、日常生活を取り戻した人とそうでない人、震災後のことを語れる人とそうでない人……。たった2時間、たまたま集った20人ほどの間にさえ、いくつもの分断線、つまり「分かり合えなさ」があった。しかも、言葉を交わすほどに新しい分断線に気づく。そのような場において、冒頭の言葉を述べた方は、対話の最中は一度も口を開かず、ずっとうつむいて考え込んでいる様子だったので、場がお開きになった後に声をかけて来て驚いた。「私自身が分断線を引いていた」という言葉の真意は深く尋ねなかった。本人も、まだ考えがまとまらない様子だった。それでも、他者と分かり合えないという現実に直面して、むしろ自らの内面の変化に気づき、それを伝えようとした勇気がどれほどだったか。私はこの時から、対話が持つ不思議な力に惹かれていった。

私がてつがくカフェに参加したきっかけは、正直なところ、「震災直後に何もできなかった」という後ろめたさを解消したかったからに過ぎない。2011年当時、仙台市内の大学に通っていた私は、数回だけ沿岸部の被災地域へボランティアに行ったが、あまりの壮絶な風景に打ちのめされてしまった。自分の精神的な弱さに罪悪感を抱いていたある日、せんだいメディアテークで「てつがくカフェ＠せんだい」の活動を知り、運営スタッフ

として関わるようになった。当時のてつがくカフェは、震災を自らの言葉で語り直す場として開かれていたので、辛い被災体験を話す人も多かった。かける言葉がなく無力感を抱くこともあったが、ここに身を置くことで、言葉や人と人との関係性の質は可変的であり、自らの身体で問い続けるべきだと学んだ。この学びは、日常のささいな困難や3.11以後の災禍における、他者との関わり方を変えるきっかけになった。

　てつがくカフェは、住む場所、年齢、職業などの異なる人どうしが、日常生活で背負っている社会的役割(先生、生徒、上司、部下、親、子など)を解除し、対話のテーマといくつかのルール(当たり前だと思っていることを問い直す等)だけを共有して話し始める。相手がどんな人かという前提を一旦脇に置くので、普段の会話に比べてとても不安な出発点だ。だからこそ、どうしたら自分の考えが伝わるか頭をひねり、相手を理解しようと耳を傾ける。専門用語や内輪の流行語は伝わらないので、慣れた言葉遣いを手放しながら、やり取りが重ねられる。話す途中で言い淀む人もいるし、本当に言ってよいのかと迷いながら、やっと一言だけ言える人もいる。隣に座る他者がどう受け取るかを想像しながら語る所作そのものに、私は何度もはっとする。「共感」や「理解」とは少し違う。心の奥へ相手の言葉が分け入ってくるようにして、自らの思考の輪郭を確かめさせてくれる。だから何か応答しなければと思い、今度は自分で自分の心に問いかける。そうやって応答し合ううちに、お互いの思考がどんどん変わっていくのが分かり、対話の内容が思わぬ方向に運ばれていく。てつがくカフェは議論や交渉ではないので、考えが揺らぐことをむしろ歓迎してくれるのだ。

　時には、相手を否定するような言葉が飛びかったり、自分の主張を一方的に話す人がいたりする。するとそれに対して、参加者同士でいなすような場面がある。たった2時間の脆弱なコミュニティにもかかわらず、助け合ったり、真剣に聞き合ったり、一緒に悩んだりする。対話の場そのものが生命体のように揺れ動く。この振れ幅にこそ、場の質があるように思う。

## もがきながら応答する

　てつがくカフェ@せんだいは2013年10月から約1年間かけ、「震災と

セクシュアリティ」をテーマに計 6 回の対話の場を開いた。これは 2013 年 5 月「震災を問い続けること」をテーマに開催した時の、ある参加者からの投げかけがきっかけだった。「被災地でのセクシュアルマイノリティがどのようであったか、あまり一般的なところで問われていない。そもそも、問われていない人たちはまだたくさんいるのではないか」。当時、セクシュアルマイノリティ（今は「LGBTQ」などの用語で知っている人が多いと思う）についてほとんど知らなかった私だが、だからこそファシリテーターをやりたいと申し出た。

　1 回目の対話で、当事者だと前置きされた方が「非常時だけでなく日常的に私たちは我慢を強いられている」と言うと、当事者ではない別の人が「我慢は誰しもがすることだ。仕方ないだろう」という内容を返した。きっとお互い「話が通じない」と感じただろう。対話というより言葉のぶつけ合いのような状態をどうにもできず、私は途方に暮れていた。しかし、しばらくしてある参加者が言った。「一人ひとりの違いを挙げたらきりがないけれど、命の尊厳という面で、我慢の量が違うのではないか」。場の流れが変わったと感じた。やむにやまれず口にされたようなこの言葉は、当事者側・非当事者側どちらに立つでもなく、分断されそうになった対話の場に 1 つの架け橋をくれた気がした。

　続く 2 回目では、当事者から「"みんなの避難所" と言われる時の "みんな" に、私は含まれていないと感じた」と発言があった。この時から「いつも何気なく言う "みんな" って誰のこと？」などの問いが生まれた。そして結局「"みんな" の避難所にとっての "自然" って？」という 6 回目のテーマにつながり、「みんな」という言葉への語り直しが継続的になされた。この時私は、当たり前に使う言葉が誰かを傷つけると気付けなかったのを恥じ、自らの思考がいかに閉じていたか痛感した。「震災とセクシュアリティ」の対話から思い知ったのは、社会的ルールや慣習に大きく影響を受けつつ、個人の内面や身体に深く関与する性というテーマは、自分の言葉で語るのが非常に難しいということ。そして、どんなに言葉を尽くしても表現しきれないほど、性と生のあり方は様々で流動的だとも知った。

しかし、このようなテーマこそ他者との対話が大切だと思う。個人の安全性確保は必要だが、一人で抱えきれない現実は、誰かに頼れば多面的な視点で見直せる。学校でも職場でも家庭でもない、てつがくカフェのような場の意味がここにある。また、それは必ずお開きになることも重要だと思う。てつがくカフェでは「問いをつくる」というプロセスがあるのだが、これにより他者と自分の言葉のすり合わせを試みる。そして対話が終わるので問いへの答えは各々に委ねられる。帰って家族と考える人もいるそうだ。つまり問いという名の「言葉のバトン」があることで、未来の自分や次に出会う他者に、対話の成果をリレーさせていく。場が終わるとバトンを持つのは自分一人になるため、この責任感が走る力になると感じる。

リレーするのは決して大それたものでなくていいと思う。ファシリテーターというより一人の聞き手として振り返ると、自らの性について丁寧に、粘り強く語ってくれた人たちの言葉は美しかった。性を通して自身と向き合う、切実な姿勢が表れていたからだ。その美しさを伝えたくて、私は対話の場にしがみついた。就職後はてつがくカフェから離れてしまったが、私はあの時の言葉の質をいつも追い求めてしまう。きっと誰しもの心の中に、その人しか語れない美しい言葉がある。聞かせてもらったからには、私も身体のすべてをかけて受けとめたい。そして必要な時が来たら、受けとめたものを今度は私の言葉で伝えたい。

てつがくカフェの経験から私なりに、言葉やコミュニケーション、対話の場の質について考えると、「応答したい」「受け渡したい」と感じる心の動きに関係する。そして、伝える側と受け取る側双方が、丁寧に思いやって語ったかどうかが質を左右するのではないか。「何を言ったか」で決まるのではない。むしろ、沈黙や言い淀みの中にこそ、応答したい何かを感じることもある。なぜなら、他者のことを本当に考える人は、まず自分自身の心に精一杯問いかけ、もがく。その身体的な行為こそが言葉を越えて「伝わる」という現象を生むからだ。

人は、いろんな他者からバトンを受け取って生かされていると思う。たとえ分かり合えなくても、対話により、自分は誰かの延長線上に存在すると気づく時、この多層的な世界は少し違って見えるだろう。

# ルールをつくる

## ここに自分が含まれているという感覚

田中みゆき

[キュレーター／プロデューサー]

　わたしはブロードウェイのとある劇場で、公演を見ていた。それは、黒人で肥満のクイア(既存の性のカテゴリに当てはまらない人々の総称)を扱ったミュージカルだった。わたしはリサーチのため、音声解説(視覚に障害のある人に向けて視覚情報を音声のナレーションで補助するもの)とクローズドキャプション(聴覚に障害のある人に向けて台詞や音の要素を文字で表示するもの)を使って観ていた。アメリカでは GalaPro と呼ばれる、自分の携帯電話でそれらが利用できるアプリがある。文字の大きさや色、画面の照度も変えられ、劇場で配布されるデバイスよりも使い勝手が良い。わたしがスクリーンを見ていると、右隣に座る若い白人女性がこう言った「そのスクリーン消しなさいよ」。仕方がないのでその人に見えないように手で隠しながら照度をさらに下げられないか確認していたら、今度は左隣に座った高齢の白人女性が大きな声で「OFF(消せ)！」と吐き捨てるように言った。多様性を扱った公演の真っ最中に。

　このようなシチュエーションは、初めてのことではない。アメリカでは、Americans with Disabilities Act(障害のあるアメリカ人法)によって、公的機関にはバリアフリーが義務付けられている。そうでない場合、障害のある人は裁判で訴えることができるため、最低限のバリアフリーの設備を備えている施設は多い。しかし、それはあくまで形式上設けられているだけで、実際の利用者のことが想定されているかというと、そうでない場合も多い。例えば劇場に関して言えば、音声解説やキャプションが利用可能であることは、トイレの脇など目立たないところに小さくサインが出されていることがほとんどで、機器の貸し出しも入口の脇や奥にひっそりと設けられている。また、上演前に携帯電話の電源を切ることは(日本の映画館でいう上映前の携帯電話に関するアナウンスのように)強調されるが、それらを使う必要がある人がいることには一切触れられない。そのため、「携帯電話を使って

いる人＝ルール違反」という図式が容易に成り立ってしまう。また、ブロードウェイの場合、世界中からの観光客が客席を占める割合が高く、音声解説やキャプションどころか、障害のことすら考えたこともない人も多いだろう。そこではまさに一つのルールを徹底させる過程で、本当に必要な人が必要なサービスを受けられない状況が生まれているのだ。

わたしは「障害は世界を捉え直す視点」をテーマに障害を扱う展覧会やパフォーマンス、映画やゲームなどをプロデュースしてきた。"健常"な体を持つとされるマジョリティによって構築されてきた私たちの社会にとって、障害のある人々は度々排除されてきた存在であり、彼らの生活は今の社会のあり方に疑問を投げかける力を持っている。わたしは彼らと共に、物事の捉え方を揺さぶるような働きかけを試みてきたが、その中でも特にアクセシビリティに着目し、プロジェクトを行っている。アクセシビリティとは、高齢者や障害者など心身の機能に制約のある人が、必要な情報にたどりつけ、利用できることとされてきた。先に述べた音声解説やキャプションもそれに含まれる。しかし、わたしが興味を持っているのは、身体機能が「ない」からそれを埋めるという意味でのアクセシビリティではなく、そもそも不確かな「見る」あるいは「聴く」という行為を、「見えない」「聞こえない」視点から考え直す方法と捉えている。

わたしはこれまで、アクセシビリティは人権の問題だと考えてきた。つまり、アクセシビリティがないことは、それが必要な人にとって見る／聞く権利を奪う行為であるということだ。しかし、ある人にとってのアクセシビリティが他の人にとっては鑑賞の妨げに感じるなど、全ての人に万能なアクセシビリティは存在しないという現実がある。それに伴い、最近はコミュニティの問題でもあると捉えるようになった。つまり、アクセシビリティは、一人が音声解説やキャプションにアクセスできれば成立するというものではなく、それが受け入れられる環境をつくっていかなければいけないのだ。さらにその環境は、ルールによって定められた無機質なものではなく、一人ひとりが能動的に受け入れるものである必要があるという意味で、ある種の文化的土壌や帰属意識を共有する「コミュニティ」という言葉を使いたい。そこで必要なのは、同じ場を楽しむという目的を共有

しながら異なるニーズを持つ人の存在を可視化し、その場の文化として受容する態度を育てることだ。

　例えば携帯電話の電源を一律に切るように言うことは、携帯電話を音声解説やキャプションのために利用する人の存在が観客から排除されていることを表している。そのような環境においていくらアクセシビリティが提供されていたとしても、自分たち以外の存在を認識しない他の観客に利用を妨げられるようなことが起こる。例えばアナウンスの最後に、「ただし、音声解説やキャプションが必要な人たちは携帯電話を使ってください」ということを添えるだけでも、彼らの存在やニーズが他の観客の意識に上るだろうし、それだけで足りなければパンフレットや掲示で記すこともできるはずだ。しかし、最大限に効率化・商業化されたブロードウェイの構造自体が変わらない限り、観客はいつまでも消費者に過ぎないのかもしれない。

　2021年に21_21 DESIGN SIGHTで開催した企画展「ルール？展」でも、携帯電話というものが展覧会のルールやマナーに大きな影響を与えていた。共同ディレクターとして関わったわたしにとって生まれて初めて「バズる」という体験となった本展は、会期早々にTikTokで話題となり、連日若者が詰めかける状況となった。コロナの影響で未だ事前予約制をとっていたため、情報の早い学生たちが大多数を占め、通常展覧会を観にくる層は予約が取りにくい状況となった。来場者の多くは撮影を楽しみ、作品は撮影の背景と化した。コロナ禍によってさまざまなルールが身近なものとなり、ルールがバズるという現象が起きていたのだ。次第に来場者のマナーの悪さが指摘されるようになり、作品や什器の破損という形でも現れるようになった。撮影自体というより、それに伴った、大きな声を出す、展示物に触る、通路を占拠する、といった行動が、通常のように展覧会を鑑賞したい人の妨げになっていたのだ。これもまた、異なるニーズや文化を持った人たちが同じ場を共有する難しさを示す例と言えるだろう。

　それに伴い、会期終盤には「サイレント？デイ」という曜日を設け、撮影を控え静かに鑑賞することを促す試みを行った。これも、撮影を直接禁止するためというより、撮影を目的とした人ばかりではないこと、それ以

外のニーズを持った人がいることを来場者に周知するためだった。結果、その日は静かに鑑賞する人が増えたり問題行動の改善も見られたりしたが、実際に来場者がその主旨を理解し、受け入れ、自らその日に来ることを選んでいたかというと、決してそうではなかったと思う。企画展という特性上、スペースや予算、時間にも余裕がない中で、そのようなコミュニティをつくるには至らなかった。

　ルールは、つくるよりも運用する方が難しい。つくっても適切に運用されなければすぐに形骸化してしまうからだ。そう考えると、人間が持つさまざまに異なるニーズを踏まえ、一人ひとりの主体性を尊重するために育くむべきなのは、ルールよりも余白の多いマナーに近いものかもしれない。そのうえで、ひとりの常識には含まれていない人が常に存在することを、どのように可視化し、包括していけるのか。効率や合理性が重視される実生活では、すぐには実現が困難に思える問題だが、時にそこにないものを想像する体験を共にする場である文化施設は、コミュニティを醸成し社会に提示できる可能性をまだまだ秘めているのではないだろうか。

# おわりに

　開館以来、せんだいメディアテークの運営理念は「メディアテーク憲章」として以下のように表されています。

- ・最先端のサービス(精神)を提供する
- ・端末(ターミナル)ではなく節点(ノード)である
- ・あらゆる障壁(バリア)から自由である

　過去20年間、この憲章はメディアテークのスタッフに日々意識され、都度の状況のなかで解釈されながら運営の指針となってきました。最先端とはなにか、ノードとは、バリアとはなにか。自明とされるような言葉でも、時代や環境の変化とともに色合いは少しずつ変化していきます。字引上の意味だけでなく、そうした変化を含めてとらえなおされることで、この憲章は、展覧会やワークショップなど各種事業の企画の起点となってきました。開館時に掲げられた言葉と、その後の再解釈によって組み立てられた各種の事業の成果からは、建築的な特徴とは異なる、言葉が積み上げられたものとしてのメディアテーク像がぼんやりと浮かび上がってくるように思います。

　開館と同時に発行された『せんだいメディアテークコンセプトブック』(NTT出版、2001)には、上記の憲章のほかにもこの複合文化施設が目指す運営形態を示す言葉がいくつか記されています。「アンダーコンストラクション型ワークデザイン」もそのような言葉のひとつです。

　常に「アンダーコンストラクション(工事中)」を意識しながら、理想的なシステムづくりに近づけていこうとするオープンな事業努力が、せんだいメディアテークの「アンダーコンストラクション型ワークデザイン

です。（p. 133）

　より良い状態を目指して、組織や制度を更新し続けるということは、逆に仕組みがいつまでも完成しないことを示しています。実際の社会生活においては、完成の宣言は思考停止にほかならず、常に理想的な完成像を目指し、絶え間なく修正や更新を続けていくという態度が求められるものです。

　ただし、行政の機構において、こうした動的な態度は受け入れ難いものでもあります。それゆえにこの一文こそ、硬直化を避けるためのとても重要な指針だったと言えます。つまりは、出来上がった施設や運営組織を、保守し維持するということの実質は、むしろこうした「つくり続けていく意志」にあると言ってよいでしょう。

　その意志を持続させるための対話の道具となるように、この本は企画されました。50名の執筆者のみなさんには、心からの感謝をお伝えします。みなさんそれぞれに「現場」があり、日々の格闘の渦中に依頼に応えていただいたのだと思います。一人でも多くのみなさんと考えたいことがあったのですが、今回は依頼できなかった方もあり、ご一緒できなかったことは残念でなりません。

　メディアテークから投げかけられたテーマに、違和感や戸惑いを覚えられた方もおられたかも知れませんが、これらは執筆されるみなさんそれぞれの日常や仕事の現場を想像しながら、3人の担当者による幾度とない議論を経て捻出したものです。

　そして特に難航したのは、本のタイトルについてです。当初、〈公共〉という言葉をタイトルに用いることは避けようとしていました。日本において「public」の概念は希薄で、いまなお「公」の字は「官」や「行政」などとほぼ同義と理解されているからです。この本の全体を通してさわろうとしていることを要約すると、「公共性のある場とはどのように実現されるのだろう」というような問いとなるでしょう。ただ、この問いの中心にある〈公共〉を直接言いあらわすのではなく、その周辺をみなさんと巡るこ

とで、わたしたちの暮らしの土台ともなるはずの〈公共〉について吟味することができないかと思案しました。また、〈公共〉を行政システムとして議論の対象とすることはできますが、それはひとつのトピックでしかありません。そうした狭い範囲ではなく、この本においては〈公共〉という言葉の「人々が共通の関心事について語り合う空間、場」という本来の意味に立ち、人々の自由闊達な議論や活動がなされる、市井ならではの地に足のついた空間や場の可能性について、みなさんとともに考えたかったのです。こうした目論見のうえで検討を重ねた結果、タイトルにはあえて〈公共〉という言葉を置くこととしました。ただし、手前に「つくる」という言葉をかぶせて能動性を示すことで、「官」や「行政」という一般的な受動的理解を剥ぎ取り、市井の側に〈公共〉をたぐり寄せたつもりです。

　このようにしてここには〈公共〉を考えるための50の言葉が寄せられました。これらの言葉をもとに対話がひろがっていくことで、せんだいメディアテークは今後も市民のみなさんによって、つくり続けられていくでしょう。頑強な制度や仕組みとしてではなく、一時的な出会いやきっかけから、むしろ制度や仕組みが生まれ更新されるような、柔軟でのびやかな〈公共〉として。

せんだいメディアテーク

**【編集】**

せんだいメディアテーク
　甲斐賢治
　小川直人
　清水建人

**【編集協力】**

櫻井拓（のほ本）

つくる〈公共〉　50のコンセプト

2023 年 2 月 16 日　第 1 刷発行
2023 年 9 月 25 日　第 2 刷発行

編　者　せんだいメディアテーク

発行者　坂本政謙

発行所　株式会社　岩波書店
　　　　〒101-8002 東京都千代田区一ツ橋 2-5-5
　　　　電話案内 03-5210-4000
　　　　https://www.iwanami.co.jp/

印刷・理想社　カバー・半七印刷　製本・松岳社

絵 画 の 素 　　　岡﨑乾二郎 　四六判　478頁
　── TOPICA PICTUS 　　　　　　　　　　　定価　5500円

新しい広場をつくる 　　平田オリザ 　四六判　262頁
　　──市民芸術概論綱要 　　　　　　　　　定価　2310円

誰のための排除アート？ 　五十嵐太郎 　岩波ブックレット
　　──不寛容と自己責任論 　　　　　　　　定価　572円

言葉をもみほぐす 　　　赤坂憲雄 　四六判　174頁
　　　　　　　　　　　　　　　藤原辰史 　定価　1980円
　　　　　　　　　　　　　　　新井卓 写真

「学びの公共空間」 　　佐藤一子 　四六判　188頁
として の 公 民 館 　　　　　　　　　　　定価　2090円
　　──九条俳句訴訟が問いかけるもの

──────── 岩波書店刊 ────────

定価は消費税10％込です
2023年9月現在